The Future of Business Model Innovation
The Perspective of Commercialization of Scientific and Technological Achievements

商业模式创新的未来
基于科技成果商业化的视角

刘彦蕊 ◎ 著

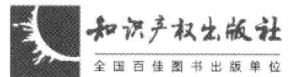

知识产权出版社
全国百佳图书出版单位

图书在版编目（CIP）数据

商业模式创新的未来：基于科技成果商业化的视角/刘彦蕊著. —北京：知识产权出版社，2017.9
ISBN 978-7-5130-5129-3
Ⅰ.①商… Ⅱ.①刘… Ⅲ.①商业模式—研究 Ⅳ.①F71
中国版本图书馆CIP数据核字（2017）第223127号

内容提要

本书以探讨商业模式未来发展趋势为主题，在理论探讨与实际案例分析相结合的基础上，用历史的分析方法，通过解构商业模式创新与技术创新以及科技成果商业化的关系，思考商业模式创新的未来，最后提出推动企业创新和我国科技成果资本化、产业化以及未来商业模式创新的相关政策建议，为我国经济结构转型升级、产业迈向中高端水平提供政策参考。

责任编辑：王祝兰　　　　　　　责任校对：王　岩
封面设计：久品轩　　　　　　　责任出版：刘译文

商业模式创新的未来
——基于科技成果商业化的视角
刘彦蕊　著

出版发行：	知识产权出版社 有限责任公司	网　　址：	http://www.ipph.cn	
社　　址：	北京市海淀区气象路50号院	邮　　编：	100081	
责编电话：	010-82000860 转 8555	责编邮箱：	wzl@cnipr.com	
发行电话：	010-82000860 转 8101/8102	发行传真：	010-82000893/82005070/82000270	
印　　刷：	北京科信印刷有限公司	经　　销：	各大网上书店、新华书店及相关专业书店	
开　　本：	880mm×1230mm　1/32	印　　张：	6.75	
版　　次：	2017年9月第1版	印　　次：	2017年9月第1次印刷	
字　　数：	180千字	定　　价：	35.00元	

ISBN 978-7-5130-5129-3

出版权专有　侵权必究
如有印装质量问题，本社负责调换。

自　序

美国未来学家丹尼尔·贝尔（Daniel Bell，1919~2011）从生产和技术的视角将人类社会发展历程分为前工业社会、工业社会和后工业社会。按照马克思主义人类社会实践论观点，人类在历经原始社会、奴隶社会、封建社会、资本主义社会和社会主义社会后，最终将发展到人类自由而全面发展的共产主义社会。从科学技术哲学视角来看，人类社会发展历史就是人类不断发现大自然发展规律，并利用规律创造新技术、新方法、新产品，逐步提升与大自然对话、与大自然和谐共处能力的过程。

纵观人类发展历史，我们可以发现人类社会发展的每次重要节点都与重大的科学发现、新技术的应用密切相关，新技术和新经济模式的应用与运行扩散继而带动了人类社会结构的改变。可以说，新技术的应用与推广是人类社会不断向前发展的重要动力之一。在历经 30 多年的高速发展后，我国的生产环境、生产要素及人民生活诉求都已经发生了重大的变化。面对国内经济发展速度放缓、产业结构亟须优化升级、世界新产业革命孕育发展、国际关系大重组的新形势，我国需要对旧的发展模式有所扬弃，寻求新的发展路径、动力源泉与模式，以积极主动地适应"新常态"、抓住历史发展的新机遇、发挥中国在世界新产业革命变革中的应有作用，为实现伟大中国复兴梦而团结一心，重塑中国大国风范地位。

在信息技术革命的推动与支撑下，最近几年兴起了以滴滴出行、易到用车、51 用车、嘀嗒拼车和美国 Uber、Lift 等国内外打车软件为代表的分享经济模式，在出租车行业掀起巨大的波澜，引起传统交通行业的恐慌。另外，以互联网和移动通信工具为主要载体的微商、互联网众筹、微课堂、微直播等商业模式也在悄然地以核裂变方式迅速发展。这些新的商业模式通过云计算、人工智能、大数据分析、移动互联等创新信息技术，极大地改变和重塑了以往企业价值创造、传输以及获取交换价值的传统企业盈利的途径、方法和思维模式，塑造了一个全新的产品或者服务创造者、生产者、推广者以及消费者的新关系模型，继而推动着相关工业和服务产业的发展。

商业模式创新不仅与技术创新紧密相连，通过创新产品或服务的营销策略、提高产品售后服务质量、增加产品附加值等途径也可以有力地推动商业模式创新。以滴滴打车为例，其在短期内得以迅速发展的原因有很多，但尤为重要的是以下两方面：一是有关分享经济的相关支撑技术的成熟与发展，为其提供了基础条件的硬支撑；二是采取"双向补贴+消费返利"创新营销模式，并持续得到雄厚风险资本的大力支持。此外，国家和地方各级政府通过不断创新和完善相关政策体系，为这种新商业模式的推广提供了良好的政策环境和制度保障。"双向补贴+消费返利"的营销策略，将乘客和司机作为市场开拓的重要力量，让司机和乘客成为市场拓展的一员；同时，公司积极吸收消费者对于企业良性发展作用：建立乘客和司机互评机制，在注重保护消费者权益和提升消费者人文素质的同时，将消费者的消费体验结果转达给平台，以此监督并提高服务提供者的服务质量。上述两方面的创新加强了企业与消费者之间的黏性链接，拉长了企业可持续发展的时间跨度。

现代管理学之父彼得·德鲁克曾指出："当今企业之间的竞争，不是产品之间的竞争，而是商业模式之间的竞争。"这个说法虽然有些极端，但在当前技术发展的推动下，商业模式创新对于企业生存的确越来越重要了。从诺基亚、摩托罗拉等知名品牌手机的突然溃败，到苹果、小米、华为、OPPO等手机品牌的竞相角逐，从万达广场综合购物广场、各种品牌专卖店为代表的地产商业购物中心的日渐惨淡，到以淘宝、天猫、京东、亚马逊等为主体的网上商城的迅速发展，都生动地展现了这一趋势。另有报道称，当今美国企业的创新中，60%是商业模式创新，40%是技术创新。这些都提示我们，现在企业之间的竞争已经从产品、价格、营销渠道、技术或服务、文化等单方面或者某几个方面的竞争，上升到整合了上述诸多要素在内的商业模式全要素竞争阶段。随着经济社会的不断进步，新时代下，消费不再仅仅是单纯的物质上的需求，追求社交化的消费经验交流或者合作，合力推动商业向更高质量和效率改进，在提高生活物质条件基础的同时追求更高的精神价值存在成为消费者不约而同的心声。滴滴出行和Uber迅速成长的纪录及创新商业模式，必将成为"互联网+"条件下商业模式创新发展历程中的重要一幕。近期滴滴和Uber已经合并，但是，古人云："螳螂捕蝉，黄雀在后。"在企业还没有稳定的可持续营收的情况下，在我国资本更加丰裕、商业模式创新尚未纳入知识产权保护范围的大环境下，能否快速完善已有商业模式将成为影响每一场战局胜负和企业是否可以长期生存下去的关键。

我国商业模式创新历程与我国经济发展状况和政策环境紧密联系，对商业模式的研究也经历了一个从浅层到逐步深入的过程。现代直销商业模式自20世纪末进入我国，发展规模和数量与发达国家相比还有很大的差距。应该说，本真的直销商业模式将企业产品定位于高科技市场垄断地位目标、以社交网络思维将消费者吸引转化成为企业产品营销者和消费者双重身份，激励产品消费者通过与人分享产品消费经验和感受搭建起自己的销售小渠道，在最大限度地缩减产品流通渠道费用的同时，将产品销售利润按照其消费和销售数量等级给予特定比例利润分享。这样的企业文化和制度设计对传统的分销商业模式造成了一定的冲击，对近年来新兴电商分销平台和分享经济的发展也起到了重要推动作用。滴滴出行和Uber在市场推广阶段采取的给予乘客和司机"双向补贴+消费返利""推荐有奖、分享有奖"的"类直销营销模式",理论上借鉴了直销商业模式和英国知名经济学家和政治哲学家哈耶克（Friedrich A. Hayek）提出的"消费者主权理论"（现代经济学之父亚当·斯密在其著作《国富论》中最早提出"消费者主权"），将消费者置于经济商业模式的主导地位,他们的实践和探索在一定程度上缓解了当前我国大中城市严控私家车新增数量,或者在紧急状况下调控汽车出行数量,以保障城市空气质量良好条件下还能满足社会公众出行实际需求与供给不足的矛盾。

在全球经济不景气的状况下,以滴滴打车、Uber、Lift、ofo等为代表的分享经济的发展为经济的发展提供了新动能,缓解了全球性产能过剩给社会带来的负面效应。由于分享理念的传播与实践,人类在经济不景气的状况下,得以放缓不停"向钱"的脚步,得以反思和关注大自然为人类发展作出巨大贡献的无私奉献精神,得以通过"分享"重新建立或者拉近彼此之间的关系。

"塞翁失马,焉知非福","文武之道,一张一弛",暂时放缓的脚步是为了之后以更快的速度继续奔跑。滴滴出行、ofo对于直销商业模式奖金激励制度的创新应用是否会开启直销商业模式推动科技创新的新征程？在新的时代背景下,消费者主权理论在国家产业结构改革、供给侧改革方面是否可以有好的应用与发展？

研究直销商业模式起源、发展历程、发展现状,分析其与传统分销商业模式、消费者主权理论以及当前分享经济模式的区别与联系,解构商业模式创新与技术创新以及科技成果商业化的关系,结合实践案例,思考商业模式创新的未来,对于企业创新以及国家制定转方式、调结构、推动经济可持续发展的相关政策等具有重要的现实意义。

本书在理论探讨与实际案例分析相结合的基础上,用历史的分析方法,总结分析了商业模式创新与技术创新的协同关系：技术创新是商业模式创新的基础和驱动力,商业模式创新是企业整合各种要素、实现技术创新的综合能力体现。依此提出推动企业创新和我国科技成果产业化、商业模式创新的相关政策建议,为我国经济结构转型升级、产业迈向中高端水平提供政策参考。

目 录

第一章 商业模式创新与科技成果转化 ⋯⋯⋯⋯⋯⋯⋯⋯ 1

第一节 科技成果转化 ⋯⋯⋯⋯⋯⋯⋯⋯⋯⋯⋯⋯⋯⋯ 1
  一、科技成果转化概念内涵 ⋯⋯⋯⋯⋯⋯⋯⋯⋯⋯ 1
  二、科技成果转化过程 ⋯⋯⋯⋯⋯⋯⋯⋯⋯⋯⋯ 20
  三、科技成果转化与创新 ⋯⋯⋯⋯⋯⋯⋯⋯⋯⋯ 23
  四、科技成果转化与技术转移 ⋯⋯⋯⋯⋯⋯⋯⋯ 25

第二节 商业模式创新 ⋯⋯⋯⋯⋯⋯⋯⋯⋯⋯⋯⋯⋯ 28
  一、商业模式概念与内涵 ⋯⋯⋯⋯⋯⋯⋯⋯⋯⋯ 28
  二、商业模式创新的动力 ⋯⋯⋯⋯⋯⋯⋯⋯⋯⋯ 32
  三、商业模式创新的途径 ⋯⋯⋯⋯⋯⋯⋯⋯⋯⋯ 34
  四、商业模式创新在科技成果转化中的重要作用 ⋯⋯ 37

第二章 构建协同创新的商业模式评价结构模型 ⋯⋯⋯⋯ 41

第一节 协同创新关键绩效指标体系的建构 ⋯⋯⋯⋯ 41
  一、协同创新发展的关键影响因素 ⋯⋯⋯⋯⋯⋯ 41
  二、协同创新的关键影响因素指标体系 ⋯⋯⋯⋯ 42
  三、企业内部协同创新 ⋯⋯⋯⋯⋯⋯⋯⋯⋯⋯⋯ 43

第二节 混合式多评准决策方法的应用 ⋯⋯⋯⋯⋯⋯ 46
  一、DEMATEL 简述及相关研究 ⋯⋯⋯⋯⋯⋯⋯⋯ 46
  二、应用 DANP 方法计算准则权重 ⋯⋯⋯⋯⋯⋯ 49

  三、应用VIKOR方法评选最佳方案……54
 第三节 实证分析……55
  一、协同创新发展因素影响网络关联研究……55
  二、协同创新准则的相对影响权重……59
  三、企业内部协同创新的自我评估绩效雷达图……61
 第四节 科技成果转化营销模式创新……62
  一、科技成果转化与市场营销关系……63
  二、我国现有的科技成果转化、市场化主要模式……65
  三、建立基于营销学的科技成果转化绩效评估系统……70

第三章 分销与直销商业模式下的科技成果转化……85

 第一节 分销商业模式与科技成果转化……85
  一、分销型商业模式……85
  二、科技成果应用与分销型商业模式……91
 第二节 直销商业模式的兴起……92
  一、直销的概念与分类……92
  二、直销与传销的区别……94
 第三节 直销商业模式的发展轨迹……95
  一、早期直销……95
  二、现代直销……96
  三、部分国家和地区直销立法状况……99
 第四节 直销商业模式在我国的发展历程……104
  一、萌芽发展时期（1990~1995年）……104
  二、初步发展时期（1996~1997年）……106
  三、灰色发展时期（1998~2005年）……107
  四、法治直销时期（2006年至今）……108
 第五节 直销商业模式下的科技成果转化……110
  一、直销企业的科技成果转化内涵界定……111

二、以直销企业为主体的科技成果转化过程……………113
三、直销企业中的科技成果转化的必要性………………114

第四章 直销商业模式促进科技成果产业化的依据…………116
第一节 当前我国科技成果转化效率低的主要原因………116
一、科技成果本身的内部因素……………………………116
二、影响科技成果转化效率的外部因素…………………118
第二节 直销模式推动科技成果转化的理论依据…………121
一、直销商业模式是市场化营销模式……………………121
二、直销产品特性…………………………………………123
三、直销商业模式与"返利经济"………………………124
四、直销商业模式"知识经济"特征……………………128
第三节 直销商业模式促进科技成果转化的现实依据……132
一、直销企业促进科技成果转化的案例…………………132
二、直销行业及直销产品特殊性需要先进高
科技成果………………………………………………138
三、直销企业健康发展有利于加速科技成果的
推广……………………………………………………139
四、众多非直销企业想凭借高科技产品进入
直销市场………………………………………………140
第四节 推动直销商业模式促进科技成果转化的政策
建议……………………………………………………141

第五章 "互联网+"新形势下"类直销商业模式"…………145
第一节 "互联网+"概念……………………………………145
一、"互联网+"概念的产生………………………………145
二、"互联网+"的本质与特点……………………………146
第二节 "互联网+"形势下分享经济的繁荣………………147

一、分享经济的含义 …………………………………… 147
　　二、分享经济在全球的发展情况 ……………………… 149
　　三、我国分享经济的发展特点 ………………………… 151
　第三节　分享经济"类直销商业模式" ………………… 152
　　一、"互联网+"新形势下直销商业模式发展趋势 … 152
　　二、"类直销商业模式"的含义 ……………………… 154
　　三、滴滴打车软件产生的背景 ………………………… 154
　　四、"类直销营销模式"在滴滴市场开拓中的
　　　　应用 …………………………………………………… 156
　第四节　"顺风拼车"计价标准探索 …………………… 157
　　一、问题分析 …………………………………………… 161
　　二、模型的建立 ………………………………………… 165
　　三、模型求解以及结果检验 …………………………… 170

第六章　商业模式创新的未来 ………………………………… 174
　第一节　"互联网+"下消费资本论的崛起 …………… 174
　　一、消费资本论的提出 ………………………………… 174
　　二、"互联网+"助推消费资本论发展与应用 ……… 175
　第二节　商业模式创新的未来 …………………………… 178
　　一、未来商业模式的核心 ……………………………… 178
　　二、"众产直销"商业模式的技术基础 ……………… 179
　第三节　以消费体验中心为补充的商业模式 …………… 180
　第四节　推动众产直销商业模式作为科技成果转化力量
　　　　　的政策建议 ……………………………………… 181
　　一、政府介入科技成果转化、商业模式创新的必
　　　　要性 …………………………………………………… 181
　　二、当前商业模式创新面临的问题 …………………… 181
　　三、推动"众产直销"商业模式发展的政策建议 … 182

参考文献 ………………………………………………… 185

附录1 全国主要城市等腰三角形个数统计情况 ………… 192

附录2 全国主要城市间直线距离 ………………………… 193

后　　记 ………………………………………………… 198

第一章　商业模式创新与科技成果转化

第一节　科技成果转化

科技成果转化是科学技术转变为现实生产力的重要途径，是对科技研究活动的深化和延展，是科技支撑和推动经济社会发展的强大动力，是一个涉及领域广、环节多、关系复杂的系统工程，做好科技成果转化工作，既要遵循科技发展规律，又要符合市场经济发展规律。科技成果转化的过程就是科技成果资本化、产业化的过程。

一、科技成果转化概念内涵

（一）科技成果与科技成果转化

1. 科技成果

科技成果是科学技术成果的简称，包括科学成果和技术成果。"科学"与"技术"其实是两个不同的概念，无论作为知识，还是作为社会活动，科学和技术之间都有很大的差异。它们有其独特的目的取向和旨趣，"科学的首要旨趣是认识世界，即对世界作出解释和预言。技术的基本旨趣是控制自然过程和创造人工过程"❶。埃吕尔在他的著作《技术社会》中，把"技术"定义为"在一切人类活动领域中通过理性得到的、具有绝对有效性的各种方法的整

---

❶ 刘大春．科学技术哲学导论［M］．2版．北京：中国人民大学出版社，2005：29.

体"❶。在历史的绝大部分时期,"科学"和"技术"的联系并不紧密,基本是相互独立地发展。20世纪以来,由于社会生产力的提高和经济制度的演变,"传统的科学与技术两分法正在被科学技术连续统概念取代,这个连续统的一端是纯粹的基础科学,另一端为纯粹的实用技术,中间部分则很难说是科学还是技术"❷。同时,由于二者自身的发展逻辑,它们之间的联系日益密切,形成了以科学为先导的相互促进、共同发展的良性循环。现代的科学更加技术化,技术也更加科学化,科学与技术逐渐一体化,所以,当今当提及科学与技术的时候,人们常常统称其为"科技"。

"2003年由科技部组织的对全国各省市和行业部门做的大样本问卷调查表明大家对'科技成果'的普遍认识是:科技成果是指为提高生产力水平而在科学技术研究、开发等方面取得的具有实用价值的成果。具体而言,科技成果是指通过调研考察、实验研究、设计试验和辩证思维活动,对某一科学研究课题进行研究所取得的经过科学技术评价或社会实践承认的新成就,是具有一定学术意义或实用价值的创造性劳动成果。"❸这一概念有三层含义:一是科技成果必须是通过科学研究活动而取得的,即科研工作者反复观察试验,经分析归纳而形成的一个完整的新思想体系;二是科技成果必须具有创造性、先进性;三是科技成果必须有一定的学术意义或实用价值。

根据以上判断可以得出,并非所有的科技工作结果或成绩都可以称为科技成果,以下几种情况不能视为科技成果:①缺乏规律

---

❶ ELLUL J. The Technology Society [M]. New York:Alfred A. knopf,1964:183.
❷ 教育部社会科学研究与思想政治工作司. 自然辩证法概论 [M]. 北京:高等教育出版社,2004.
❸ 唐五湘,黄伟. 科技成果转化的理论与实践 [M]. 北京:方志出版社,2006.

性，在实践中无法重复，更无法推广应用。②以论文形式体现的理论研究结果，如复述前人观点，或者属于读书报告、学习体会、评论性意见、一般性的科技作品翻译等。③一般性的科技工作结果或成绩，并未上升到理论高度，也没有经过验证是否具有普遍指导意义。如一般性的科普读物，个别地方的生产经验总结等。④应用研究未经试验验证，资料不全，没有经过鉴定，根本无法应用的。⑤某些原理性的试验研究结果，并未达到实际应用水平的。如医药产品只做实验室试验或在动物身上试验过，并未达到临床应用水平和法定临床效果。

2015年8月29日全国人民代表大会常务委员会通过的《中华人民共和国促进科技成果转化法》（以下简称《促进科技成果转化法》），基于对自然科学成果与社会科学成果理解的基础，并根据科技成果转化活动规律，将科技成果定义为"通过科学研究与技术开发所产生的具有实用价值的科技成果"。

2. 科技成果转化

科技成果转化有狭义与广义之分，狭义的科技成果转化指科技成果直接转化为生产力要素，通常是应用性研究成果通过技术开发和产品开发，形成新产品、新工艺和新的管理技术或方法。广义的科技成果转化指从各类科技成果的创造形成到转化为现实生产力的过程，既包括自然科学成果的转化，也包括社会科学成果及其交叉的科技成果的转化。新修订的《促进科技成果转化法》将科技成果转化定义为"为提高生产力水平而对科技成果所进行的后续试验、开发、应用、推广直至形成新技术、新工艺、新材料、新产品，发展新产业等活动"。这里的科技成果转化是狭义上的。狭义的科技成果转化针对应用性科技成果而言，而将理论性成果排除在外。这也并不意味着理论性成果不能转化，理论性研究成果的转化主要表现为将其纳入工作方法、指导思想或者上升为政策工具等。本书探讨的科技成果转化之商业模式指的是广义上的科技成果转化概念。

(二)科技成果转化涉及的相关主体

1. 研究开发机构、高校

研究开发机构、高校是知识经济的创新源头，拥有大量科技成果，而且随着科技研发投入不断加大，研究开发机构、高校的科技成果越来越多。但是，从研究开发机构、高校的功能来看，它们的主要职责是从事科技研发以及知识的创造、传播等，在很大程度上体现出国家意志和社会公益的职能，与市场经济条件下的企业竞争主体具有很大区别。高校和科研院所的专长在于教学和研究，而不在于推动成果的产业化，对于以创造知识为主要技能的科研单位来说，科技成果转化与产业化只是其附加职能和责任之一。新修订的《促进科技成果转化法》在赋予国家设立的研究开发机构和高校科技成果转化自主处置权、收益权与经营权的同时，倡导科技成果转化市场化导向，在其科技成果转化义务、促进产学研合作、科技和金融合作等方面都作出明确规定。

2. 企业

再好的科技成果，如果没有企业推广实施转化，是不能转化为现实的生产力的。无论是企业自己研发的科技成果，还是高校和科研院所产生的科技成果，最终都需要通过企业来完成商品化和产业化。对于企业来讲，科技成果转化只是一种手段，而非目的。只有当企业认为从事科技成果转化能够带来价值最大化时，它才会开展科技成果转化活动。概括地说，企业是科技成果转化的需求主体、投资主体、利用主体、推广主体和受益主体。新修订的《促进科技成果转化法》强调要准确把握科技进步和科技成果转化的客观规律，充分发挥企业在促进科技成果转化中的主体作用。除了市场的结构性因素外，企业自身的发展战略、组织结构、人力资源状况、协同创新能力等对科技成果转化也有着重要的影响，其中的协同创新能力要素最为关键。

3. 政府

科技成果转化的外部性和市场信息不对称等可能导致市场失灵，因此，在充分发挥市场机制在科技成果转化中的决定性作用的同时，政府在科技成果转化中的作用也不可忽视。政府的作用至关重要，不仅体现在管理、指导、协调与服务全方面发力方面，更体现在如何"促进"方面，如制定科技成果转化的计划规划、扶持社会中介服务机构的发展、采取各种保障措施等。政府的"促进"作用体现在科技成果转化活动的始终，虽然政府不是科技成果转化活动的主体，但却是科技成果转化活动最重要的参与主体与保障主体。此外，政府还要负责制订重点发展领域的推广计划，如"火炬计划"等，以促进科技成果迅速地、大范围地向现实生产力转化。❶具体来说，政府主要开展以下工作。

（1）完善科技项目立项和管理制度

任何项目在进行之初，必须对整体的可行性、成本、收益等进行一系列的评估，以确定该项目是否适合进行，是否能够带来一定的效益，科技项目也不例外。科技项目与创新的技术相关联，有更强的市场性、应用性等，在项目立项时要考虑的内容与一般的项目相比较更为复杂，需要投入更多的精力，也需要更完善的体制来保障。因此，政府应从宏观层面上考虑科技项目立项的体制创新，突出市场导向、需求导向和产业导向，大力推进重大科技专项和重大科技项目的实施，真正形成更多有效的科技成果。重视项目全程管理和成果应用，强化研究成果面向社会公开和转化应用。探索建立政府搭台，企业为主，高校、科研机构、服务机构参与的产学研合作模式，推进高校和科研院所科技成果转移转化。科技计划项目的组织应面向市场，鼓励、支持企业和应用部门开展科技研发与产业

---

❶ 宋慧芳. 科技成果转化中各方行为的研究及对策分析 [J]. 研究与发展管理，1995（6）.

化，促进科技研发由政府投入推动向市场应用拉动转型。通过科技计划引导企业与高校院所结合，将技术与市场结合起来，按市场需求定技术，依市场前景选项目，鼓励科技成果迅速转化。

（2）完善资金投入体系

一是创新政府资金投入方式。科技成果从研发到试验再到实际投入生产应用，每个阶段都需要大量的资金投入，特别是转化过程中试验性生产阶段，资金投入会比早期研发增加很多。为解决这一问题，政府可从资金投入的角度出发，寻求创新的解决之道。一方面，政府探索创新的资金投入方式，能在加大科技资金投入力度的同时保证较好的资金利用率，避免大量的资金浪费，节约资源；另一方面，政府在资金投入上进行的创新，会对科技企业提供强大的支持，企业自身的资金负担由此减轻，进行科技成果转化的积极性提高，也有更多的精力去进行科技成果转化活动。

二是引导企业的科技资金投入。企业是科技成果转化的需求主体，也是科技成果最终转化为生产力的主战场。如果只是单纯地依靠政府的资金投入来促使企业进行科技成果转化，可能会造成企业对政府资金产生依赖，不能形成有效的长久机制。企业也是成果转化的直接受益方，科研活动也是企业创新的重要手段，要使企业向科研和生产相结合的方向发展，而不是单纯地以生产为目的。引导企业发展和利用自身的科技资金，建立自身的科技资金体制，也需要政策环境系统给予关注。

三是完善科技金融体系。科技成果转化在社会生产各方面的重要性越来越凸显，政府在科技金融体系方面也不能停滞不前，要适应社会经济发展需要，进行相应的创新。切合科技成果转化发展状况的科技金融体制创新，能够从金融体系上为企业的科技转化活动提供一定程度的保障，解决相关的后顾之忧；能够集中整合社会资金，将其与政府投入相结合，丰富资金组成，提供更大的动力。总的来说，科技和金融相结合的进一步创新，能够为科技成果转化的各方面带来良好的效益,是政府宏观调控应该关注的重点。

(3)营造良好的市场环境

一是发挥政府采购作用。政府采购作为一种宏观调控政策,在科技成果转化过程中可以起到良好的推动作用。利用政府采购来促进科技成果转化,为企业减轻转化后的产品市场问题,调动企业的积极性,能够为自主创新开拓市场,为企业研发注入活力,提升整个社会的创新能力。

二是实施示范应用项目和示范应用工程。政府应围绕增强城市服务功能、提升城市运行保障能力、缓解资源环境制约、保障和改善民生等重大需求,以应用为导向,产学研用相结合,整合政府资源和社会资源,组织实施科技成果应用示范工程,为新技术新产品打开市场、提升品牌影响力创造有利条件。

(4)搭建科技创新平台

作为政府科技部门集聚资源、服务社会、连接供需、中转要素的重要窗口和支撑地方经济社会发展的综合性科技创新平台,在整合集聚科技创新资源、提供公共科技创新服务、连接沟通各类创新主体、协调培育创新服务主体、探索创新政策机制先行先试等方面发挥着重要作用。科技创新平台主要包括以下几种类型。

一是技术研发创新平台。技术研发创新平台是指以高校、重点科研院所为主体,通过优势学科集成和资源优化配置,进行知识和共性技术研发的一种制度性安排。在该平台中,各创新主体首先要通过资源整合平台获取相关创新资源,再通过该平台将资源转化为创新技术或方法、思想等,经过该平台的转化后,才会进入创业孵化平台,从而完成创新活动。

二是科技条件平台。科技条件平台是指向社会提供科技基础条件保障的平台,如科技文献资源共建共享平台、大型仪器设备协作共用平台,主要整合、重组和优化现有大型科学仪器、科技文献、科学数据和实验动物等科技资源,充分运用信息、网络等现代技术，充分利用国际国内科技资源，建设成为具有公益性、基础性、战略性的科技基础条件平台，从而有效改善科技创新环境，增强持续发展能力，为科技长远发展与重点突破提供强有力的支撑。

三是成果转化平台。科技成果转化平台主要包括技术市场、各类科技创新中介服务机构、科技企业孵化器、大学科技园、留学创业园等。成果转化平台在重大自主创新成果转化和产业化技术转移、重点产业领域科技成果转化与承接、科技成果落地的空间载体等方面发挥着重要作用。

四是新型产业组织平台。新型产业组织平台主要包括产业技术联盟和产业技术研究院。产业技术联盟是由企业牵头，联合高校、科研机构、中介组织等，以企业的发展需求和各方的共同利益为基础，以契约关系为纽带，围绕技术标准、协同创新和产学研合作而成立的新型产业组织。产业技术研究院在本质上属于行业共性技术组织，是以企业为主体，以产学研合作为基础的产业共性技术创新的实体化和制度化。新型产业组织平台在提升自主创新能力和产业核心竞争力，推动自主创新和成果转化，构建以企业为主体、市场为导向、产学研用相结合的技术创新体系中发挥着重要的作用。

（5）完善政策环境

科技成果转化有很大的外部性，例如技术进步、经济增长、丰富社会生活、增加税收等。因此，政府除了在资金方面加大对科技成果转化的支持力度外，还应完善税收、财政、金融等各种政策，充分发挥科技政策、产业政策和经济政策对科技成果转化的促进作用。目前，我国促进科技成果转化的政策还不完善，政策与政策之间还存在一些相互矛盾的现象。以企业研究开发费用加计扣除政策为例。《财政部关于企业加强研发费用财务管理的若干意见》（财企〔2007〕194号）、《企业研究开发费用税前扣除管理办法（试行）》（国税发〔2008〕116号）、《关于印发〈高新技术企业认定管理工作指引〉的通知》（国科发火〔2016〕195号）三个政策文件在各自的条款中对于企业研究开发费用的归集内容规定得不一致，财企〔2007〕194号文将通过外包、合作研发等方式委托其他单位、个人或者与之合作进行研究而支付的费用列入研发费用，国税发〔2008〕116号文没有将该项费用列入企业研发费用，国科发火〔2016〕195号文将80%委托研发经费计入研发费用。三个文件对于研发费用的归集内容不一致，造成企业在实际研发费用归集、税务机关在政策执行、外部审计部门在监督审查中对于研究开发费用的理解不一致，很容易引起税企双方争议，优惠政策的落实效果打了折扣。

4. 科技中介服务机构

科技中介服务机构是实现科技成果供需结合的重要"媒介"。通过发挥科技中介服务机构的纽带作用，可以加速科技成果的扩散和转移，实现科技成果、资金、人力、基础设施等要素的有效对接。科技中介服务机构是科技成果市场化发展的产物，主要参与与科学研究、技术开发和科技成果转化直接相关的技术交易、经纪、咨询、评估、代理以及科技金融、创业服务等活动，属于知识密集型服务业。

1987年，我国诞生了第一个科技企业孵化器——武汉东湖创业服务中心；1992年，山东威海市成立了第一家生产力促进中心；2000年，首批认定清华大学科技园等22个大学科技园为"国家级大学科技园"；2001年起，依托清华大学、上海交通大学等国内10家重点大学技术转移机构被认定为"国家技术转移中心"；2002年，全国首家网上技术市场"中国浙江网上技术市场"正式启动，被誉为"永不落幕的市场"。科技中介机构的不断完善与发展为科技成果转化提供了有力保障。

（1）生产力促进中心

"20世纪90年代初，原国家科委明确了生产力促进中心是国家创新体系的重要组成部分，是社会主义市场经济条件下，深化科技体制改革，推动企业尤其是中小企业技术创新的科技中介服务机构。"❶其宗旨是背靠政府，面向企业，组织社会科技力量，为广大中小企业提供综合配套服务，协助其建立技术创新机制，增强技术创新能力和市场竞争力，从而提高社会生产力水平，使经济发展保持旺盛的活力。在科技与经济共同发展等动力诱导因素下，从1992年起生产力促进中心在全国各地纷纷成立。"生产力促进中心有力促进了中小企业创新成长、区域经济健康发展和创新型国家建设，已经成为我国科技中介服务体系的一面旗帜。……截至2015年，生产力促进中心数量达到2688家，从业人员2.8万人，总资产284.4亿元，服务收入57.5亿元。"❷生产力促进中心通过提供决策咨询、信息服务、技术推广、技术支持、人才培训、企业诊断等方面的服务促进科技成果转化和技术转移。2015年年底，全国生产力促进中心服务企业总数24.4万家。生产力促进中心还通过进入科技园区、服务产业集群、推广节能减排技术、实施制造业信息化工程等工作促进科技成果的转化和技术转移；通过农业专家大院、农业信息化建设、农民技术职称评定等将科技成果和技术向社会主义新农村转化和转移；通过服务软件、动漫、创意等新兴领域的企业，促进了知识在现代服务业的转移；通过组织对外交流合作活动，培训科技成果转化和技术转移人才，引进和输出先进技术项目。

（2）大学科技园

"技术转移的一个重要途径是通过大学科技园对大学的技术、成果、建制等进行孵化来实现的。科技园区以高技能的劳动力和

---

❶ 季非非. 关于加大生产力促进中心扶持力度的思考［J］. 中国高新技术企业，2009（23）.

❷ 科学技术部火炬高技术产业开发中心. 2015年全国生产力促进中心主要经济指标［EB/OL］. http://www.innofund.gov.cn/kjb/tjnb/list.shtml.

大量研究与开发活动的聚集地为特征"❶，是大学教学、科研与社会经济发展结合的有效窗口，我国从20世纪80年代中期开始探索建立大学科技园。2006年，科学技术部（以下简称科技部）、教育部出台《国家大学科技园认定和管理办法》，指出"国家大学科技园是以具有较强科研实力的大学为依托，将大学的综合智力资源优势与其他社会优势资源相结合，为高校科技成果转化、高新技术企业孵化、创新创业人才培养、产学研结合提供支撑的平台和服务的机构。……国家大学科技园是国家创新体系的重要组成部分和自主创新的重要基地，是高校实现产学研结合及社会服务功能的重要平台之一，是高新技术产业化和国家高新技术产业开发区'二次创业'以及推动区域经济发展、支撑行业技术进步的主要创新源泉之一"。国务院科技和教育行政管理部门负责对国家大学科技园进行宏观管理和指导，各省、自治区、直辖市、计划单列市的科技、教育行政管理部门负责对本地区国家大学科技园进行管理和指导。1988年，东北大学正式创办了全国第一家大学科技园——东北大学科技园。1992年，上海工业大学、哈尔滨工业大学、北京大学先后建立大学科技园，1994年，清华科技园建设正式启动，南京大学、华中理工大学建立科技工业园，与此同时，四川、山东、辽宁等地许多高校也先后开始规划建设大学科技园。"'十一五'以来，国家大学科技园的建设和发展取得了显著成效，已经成为转化高新技术成果、孵化高新技术企业、培育战略性新兴产业和高校师生创业的重要基地。总体实力不断增强，体系初步形成。据统计，截至2015年年底，已累计认定国家大学科技园115家，涵盖了31个省、自治区和直辖市。国家大学科技园现有可自主支配面积

---

❶ 北京市科学技术委员会. 技术转移：北京 de 实践 [M].北京：北京科学技术出版社，2007：38.

745.9万平方米，入驻在孵企业10 118家，累计毕业企业8219家。❶大学科技园形成了一校一园、多校一园、校府共建等模式，充分利用高校的人才、学科和技术优势，孵化科技型中小企业，加速了高校科技成果的转化与产业化；通过开展创业实践活动，培育高层次的技术、经营和管理人才，大学科技园成为高校科技成果转化与产业化的重要通道。总之，大学科技园在培养创新创业人才、促进高校科技成果转化和技术转移、孵化高新技术企业、推动高新技术产业发展等方面正在发挥着越来越重要的作用。

（3）孵化器

孵化器英文为incubator，发源于20世纪50年代的美国，是伴随着新技术产业革命的兴起而发展起来的。本义指人工孵化禽蛋的专门设备。后来引入经济领域，用于指一个集中的空间，能够在企业创办初期举步维艰时，提供研究、生产、经营的场地，通信、网络与办公等方面的共享设施，系统的培训和咨询，政策、融资、法律和市场推广等方面的支持。旨在对高新技术成果、科技型企业和创业企业进行孵化，以推动合作和交流，使创业者将发明和成果尽快形成商品进入市场，提供综合服务帮助新兴的中小企业成熟长大形成规模，降低创业企业的风险和成本，提高企业成活率和成功率，最终使企业"做大"，为社会培养成功的企业和企业家。一个成功的孵化器，必须具备共享空间、共享服务、孵化企业、孵化器管理人员、扶植企业的优惠政策五项要素。我国于1987年6月成立的武汉东湖新技术创业中心是我国第一家高新技术创业服务中心，它的成立标志我国第一家孵化器的诞生。截至2017年，我国

---

❶ 科学技术部火炬高技术产业开发中心.2015年国家大学科技园主要经济指标[EB/OL].http://www.innofund.gov.cn/kjb/tjnb/list.shtml.

各类创业孵化机构总数已超过7000家,位列世界第一。❶

可以说科技企业孵化器是一个智能服务产业,是一种以咨询和中介为根本手段的高级智能服务产业。孵化器的经营管理者必须具备相应的智能,以团队、个人的方式尽可能多地为在孵企业提供全方位和全程服务;智能服务的结果自然是智能资源的外化,尽可能多地为在孵企业开拓、挖掘、配置资源,包括人力资源、市场营销、发展战略在内的大规模的咨询服务和经纪、融资等中介服务。已经有不少人越来越意识到孵化器中介服务功能的重要,强调孵化器是不以营利为目的,但可以营利的特殊中介服务机构。在进行中介的同时还要进行资源整合,使尽可能多整合后的资源集合到孵化器及在孵企业的周围,把孵化器变成最集中、最有效的资源整合工具。有了上述中介及整合,孵化器就具备了通往官、产、学、研、银行、风险投资的广泛渠道和网络,有效地促进科技成果的转化和技术转移。

(4) 技术市场

"技术市场被定义为技术商品交易的场所"❷。据科技部火炬高技术产业开发中心公布的数据显示,截至2016年年底,全国技术市场共签订技术合同320 437项,同比增长4.33%,成交技术合同总金额11 406.98亿元,同比增长15.97%。成交金额居前10位的省市依次为北京、湖北、上海、陕西、广东、江苏、天津、山东、辽宁、四川。其中,北京成交项数为74 965项,成交额为3 940.8亿元,其中技术交易额为2 919.26亿元。技术合同从单一的技术开发、转让、咨询和服务,不断向工程设备、技术投融资、企业并

---

❶《中国创业孵化30年》编委会.中国创业孵化30年:1987-2017 [M].北京:科学技术文献出版社,2017.

❷ 李柏洲,孙立梅.我国技术市场运行效率研究 [J].科技进步与对策,2011 (10).

购等多样化和集成化方向发展,技术交易的内容不断丰富。

我国从20世纪90年代开始,相继发布了一系列加快发展技术中介服务机构的政策,制定了生产力促进中心、工程技术研究中心、高新技术产业开发区、科技企业孵化器等政策规定,极大地促进了我国科技成果中介服务体系的建设与发展。发达国家能较好地实现科技成果的转化,与专业化的科技中介服务队伍是分不开的,这些专业的中介服务人员,大部分是经验丰富的商业、工业和研究领域的专家,对企业和经济情况、技术需求非常了解。与发达国家和我国科技成果转化市场需求相比,我国科技中介服务机构发展还存在市场化发育不足、运行机制不完善、服务质量不高、服务队伍层次和水平较低等问题。需要国家出台相关的政策法规,进一步加强对科技中介服务机构的引导,提高其专业化服务水平。

(三) 科技成果转化涉及的相关要素

科技成果转化要素是科技成果转化过程中所需要的各种社会资源,是保障和维系科研、生产和市场运营所必须具备的基本要素。科技成果的转化涉及很多方面的因素,成果、资金、人才、信息、管理、政策、空间载体、基础设施、市场等要素共同构成了科技成果转化要素资源网络中不可或缺的重要"结点"。科技成果转化的成功与否,关键要看这些要素是否得到了优化组合和高效配置。各种要素在科技成果转化过程中发挥着不同的作用。

1. 成果

科技成果是科技成果转化的前提。一项创新成果从开发到稳定地占领市场需要经过许多环节,如设想、调查、预测、决策、立项、计划、设计、试验、鉴定、试生产、工程设计、生产、营销、服务、评价、改进提高,几乎每一个环节都有失败的可能。罗斯格说,在美国大约每年开发的一万项新产品中,有80%夭折于初期,而剩下的两千项新产品,也仅有一百项能真正取得技术和经济的成功。❶科技成果转化本身是一项高风险的活动，一项成果能否成功转化，至少面临着以下3种风险。

一是技术风险。研发是一项具有高度不确定的活动，基础研究是对未知世界的探索，失败的风险性很大，应用研究与实验性发展尽管在认识上和理论上失败的可能性减少了，但在技术与实践上的困难却增加了，技术上的发明往往由于一个细小的疏忽而达不到期望的性能或效果。

二是工程风险。工程活动是在一定社会、经济条件下对诸多要素的集成和优化的过程，如果只有单项的技术创新成果，而缺乏与之相配合的相关技术的协同支撑，就不能达到预期的工程效果，甚至可能酿成工程失败。科技成果在中试阶段和工程试验阶段，由于生产现场的条件、人员、设备、原材料、环境等与实验室条件不同，在实验室中的技术发明往往在生产现场遭夭折，同时工程试验的投资比实验室大幅度提高，伴随的经济风险也骤然上升。"1%的技术成果往往以99%的失败为基础。企图不冒任何风险，就取得技术创新的成功……企图离开必要的工程实践就获得技术能力，这是不切实际的。"❷

三是市场风险。一项技术先进、做工精细的产品，如果不符合用户的习惯或心理或者竞争对手太多，无法取得市场成功，这样的科技成果转化也是没有太多意义的。过去，我国的政府科技项目立项主要以国家和政府意志为导向，仅仅从科研水平上来评价成果，而疏于从市场需要以及工程研究开发、经济效益的可行性来评价成果。近年来这一现象有重大转变，但过去的意识惯性仍在起阻滞作用，"导致很多项目'先天不足'，一开始就落后于或者不符合同

---

❶ 游传新，李刚. 科技成果转化难的原因及其对策探讨［J］. 武汉科技大学学报（社会科学版），2005（1）.

❷ 陈清泰. 自主创新和产业升级［M］. 北京：中信出版社，2011：71.

期市场或者企业对于这项科技成果的要求"❶。事实上，人的理性不可能完全对市场作出准确预测，即便是进行市场预测，也很容易出现偏差。这是因为："一是市场需求本身是复杂的，可能的需要不一定能够转化为需求，更何况市场需求会受宏观经济形势的变化而变化；二是将投放市场的产品也没有定型，一个不定型的产品是否有市场需求，也只能大致估计。"❷在技术日新月异的今天，产品更新换代周期很短，只有更加紧密地接触、研究市场，以市场为导向，超前于社会的需求进行科研立项，才能使科技成果产业化阶段的产品满足及时性的要求。

2. 资金

科技成果转化是一项高风险、高投入、高效益且周期长的经济活动，没有足够的资金支持，成果转化工作就无法正常进行。目前，科技成果转化的资金主要来源有政府资助、企业自筹、银行贷款等，只有拓展科技成果转化的资金支持通道，充分调动风险资本、产业资本或金融资本参与科技成果转化，才能解决科技成果转化的资金瓶颈问题。需要注意的是，尽管资金缺乏对科技成果转化的阻碍作用非常明显，"但是，即使是缺乏资金，只要企业感觉到了需要进行自主技术创新的压力且建立了进行自主技术创新的信心，企业也会想方设法寻找资金来源。相反，在没有感觉到需要进行自主技术创新的压力，没有建立进行自主技术创新的信心时，即使有充足的资金，企业也不一定投资于技术创新能力的培养，而更多的是把资金用于扩大规模或进行多元化"❸。

---

❶ 于伟，刘临，谢辉. 从创新环节谈促进科技成果转化 [J]. 中国高校科技与产业化，2011（Z1）.

❷ 吕耀平，吴寿仁，劳沈颖，等. 我国科技成果转化的障碍与对策探讨 [J]. 中国科技论坛，2007（4）.

❸ 高旭东. 企业自主创新战略与方法 [M]. 北京：知识产权出版社，2008：177.

3. 人才

人才是一种稀缺的经济资源，作为科技成果转化过程中经济活动的基本要素，它是构成科技与经济活动的基本前提，是科技成果转化中最活跃、最具创造性的重要因素。科技成果转化的整个过程不仅涉及从事科技研发的人员，同时也需要生产、管理、销售、中介服务等其他领域各种专业人才的介入，才能完成产业化的整个复杂过程。目前，我国的科技人才队伍的数量已居世界前列，但由于评价体制等方面的原因，缺乏对成果转化人才的有效激励机制，人才质量和结构有待进一步提升和优化，存在着人才严重短缺和人才大量浪费并存的现象，制约了科技成果转化。随着知识经济时代的来临，传统的投资模式、产业结构、增长方式正在发生深刻的变化，专业化的人力资本正成为经济增长的真正源泉。硅谷的经验证明，在知识经济条件下，通过股权激励等手段建立新型的分配关系，可以极大地激发技术员工的积极性和创造性，进而促成科技与经济的紧密结合。只有建立成果转化的人才激励机制，使从事科技成果转化的科研人员得到较高的收益，才能激发起研发和转化科技成果的内在动力和积极性。

4. 信息

随着人类社会的不断进步和经济发展，人们逐渐认识到经济增长除了物质和能量之外，还应考虑有价值的信息活动的作用。传统经济的引擎是工业化，引擎的燃料主要来自资本和劳动，而现代化经济增长的引擎还必须注入以科技为基础且有价值的"信息"这种特殊燃料。因此，在信息技术飞速发展、信息交流方式日益增多、世界经济全球化的趋势下，许多国家都在探索、制定和推行积极的信息化战略，用信息化促进经济增长。信息是科技成果转化过程中必不可少的资源。然而，在科技成果转化中存在着信息不对称的现象。信息不对称是由科技成果转化的复杂性决定的，其具体表现为技术的成熟性、创新先进性、市场需求和用户使用等方面的信息不完整、信息搜集困难等。其中任何一个方面的信息不完全，都会严重影响科技成果的顺利转化❶。由于信息的不完全性、不对称性和不确定性，成果转化的经济行为主体决策不能达到完全信息条件下的最优决策。因此，成果转化相应的收益只能小于或等于最优决策下的收益值。

北京市在科技成果转化的信息化建设方面取得了较大成绩，但还存在一些问题，例如：缺乏统一的科技成果信息平台，成果需求方和供给方没有形成有效的对接。中介机构的服务能力和专业化水平有待提升，有调研数据显示，仅有16.4%的企业从中介机构获得成果信息，中介服务机构在提供成果信息方面甚至不如朋友介绍有效。信息保障的作用，就是通过减少科技成果转化过程中不完全信息和不对称信息，改善成果转化信息不确定性，优化成果转化决策，提高参与成果转化各经济行为主体的经济收益。有了通畅的信息渠道，科技成果转化过程中各方才能及时准确地获得有价值的信息，消除彼此之间信息的阻隔。从而有效地解决成果转化过程中的"道德风险问题"和"逆向选择问题"。因此，科技成果的成功转化，信息保障是重要的前提。实践表明，通过社会信息化的建设，加强信息的交流和沟通，有助于科技成果的成功转化。❷

5. 基础设施

基础设施是指为社会生产和居民生活提供公共服务的物质工程设施，是用于保证国家或地区社会经济活动正常进行的公共服务系统，是社会赖以生存发展的一般物质条件。科技成果转化的基础设施除了公共事业、电力、能源、水的供应、交通设施、港口、码头、航空、水陆运输和通信设备等一般性基础设施以外，还包括大

---

❶ 吕耀平，吴寿仁，劳沈颖，等. 我国科技成果转化的障碍与对策探讨［J］.中国科技论坛，2007（4）.

❷ 徐辉. 科技成果转化机制及对经济增长的效应研究［D］.南京：河海大学，2006.

型科研仪器设备、实验室等科技基础设施。科技基础设施作为物化了的科技投入，"是一个不断建设、更新与发展的过程，是不断满足更多研究者和更多任务需求的过程，是衡量科技创新能力的一个最基础的指标。实际上，科技基础设施的先进性及其对科技创新的有效支撑，是一个国家科技创新能力与竞争力的直接表现"。❶重大科技基础设施的建设，不仅是现代前沿科学取得重要突破的必要条件，也是带动相关高技术产业发展的重要手段，具有重要的科学意义、经济意义、社会意义和战略意义。❷

6. 产业配套

产业配套是区域经济发展方面的相关产业条件，是指围绕该区域内主导产业和龙头企业，与企业生产、经营、销售过程具有内在经济联系的上游和下游的相关产业、产品、人力资源、技术资源、消费市场主体等因素的支持情况。在科技成果转化的过程中，当技术瓶颈突破以后，还面临着生产等方面障碍，产业配套对于科技成果转化来说也非常重要。这是因为：❸①一般来说新兴技术所形成的产业都是资金密集、技术先进、规模较大的产业，它与其他产业关联度大，可以将其产业优势辐射到区域的相关产业，带动相关产业的发展，从而促进整个国家和地区经济较快发展；②新兴技术所形成产业不可能是孤立的，而是需要相关的产业的配合和支持，它与其他产业关联度大，则可以得到相关产业的扶持和滋养，能够健康发展，发挥其区域经济增长的功能，从而使整个区域经济系统高效率地进行运转。

---

❶ 王卷乐，彭洁，陈冬生，等. 科技创新能力及其与科技基础设施关系的研究[J]. 中国基础科学，2007（6）.

❷ 徐文超，艾轶博. 重大科技基础设施建设的战略意义[J]. 中国高校科技与产业化，2011（Z1）.

❸ 卢文光. 新兴技术产业化潜力评价及其成长性研究[D]. 北京：北京工业大学，2008.

7. 创新文化

思想观念是行动的先导，没有创新文化就很难有创新行动。古语有云"设神理以景俗，敷文化以柔远"。创新文化的作用，就是在潜移默化之中引导人们投身到科技成果转化中。然而，我国长期"GDP 至上"的绩效导向，导致各地政府追求短平快的粗放型发展方式，而对科技成果转化等风险大、周期长的发展方式不感兴趣。同时，社会上普遍存在一种观念，认为国家重大工程或重要项目建设，必须采用最先进的技术，而国外产品在先进性、可靠性等方面优于自主创新产品，引进国外技术虽然要付出较高的购买成本，但风险小，而采购和使用自主创新产品要承担更大的风险和责任，这种"买进口产品安全、买本国产品担风险"的观念对自主创新产品在全社会的推广应用产生了很大的阻碍。加快科技成果转化，必须首先在思想上深入落实科学发展观，将科技进步作为政绩考核的重要指标，大力营造有利于自主创新的舆论氛围，从更高的发展战略层面谋划科技创新工作，在全社会形成一种鼓励创新、崇尚创新、投身创新的文化氛围。

二、科技成果转化过程

广义上的科技成果转化是一项复杂的社会系统过程，由许多环节组成。可以简单地把此过程分为三个阶段：科技成果形成阶段、科技成果转移阶段、科技成果使用阶段。

（一）科技成果转化三段论

科技成果由于本身的一些问题，并非所有的科技成果都能直接、迅速转化为现实的生产力，一般纯理论的、基础研究类成果就不能直接应用于实践。有关科技成果转化过程的研究很多，例如：眭振南和王贞萍在进行科研成果转化评估研究时，将科技成果转化分为实验室阶段、产品化阶段和商品化三个阶段；北京市科委主任闫傲霜将科技成果转化大致分为四个阶段，即科技研发阶段、成果转化阶段、市场导入阶段和产业化阶段；周豪在分析区域高新技术产业化系统时认为高新技术转化过程可分解为高新技术成果向产品转化、高新技术产品向商品转化、高新技术商品产业化、形成高新技术产业化集群及高新技术产业对传统产业的改造升级五个阶段。上述对于科技成果转化过程的阶段划分虽然不同，但是可以发现，每种划分方式都包含了"科技成果由产品向商品转化"的阶段。对此，笔者认为可以把科技成果转化的过程分为三个阶段：科技成果形成阶段、科技成果转移阶段、科技成果使用阶段。

(二) 科技成果产品化、科技成果商业化与产业化

科技成果产品化与科技成果商品化是两个相近似的概念，但两者却具有不同的政策含义。所谓科技成果产品化，是指将科研成果或发明转化为产品的过程；而科技成果商品化，是指把科技成果转化为直接在市场上出售的商品，以获取经济效益。对于企业来讲，获取利润是企业存在和发展的根本，科技成果转化的最终的目的，是要将科技成果变为可以在市场上取得营利的商品。企业的科技成果转化，在突破了技术与生产的瓶颈以后，还面临着如何开拓市场的难题。突出商业化在科技成果转化中的地位，反映了科技成果转化正在从政府单方面推动变成政府与市场合力推动转变。

科技商业化泛指将各种各样的科技成果转化为商品的过程，目的是要把尚不能直接为人类所利用的科学技术转化为能直接为人类服务的商品。在商业化过程中：转化的对象是科学技术；转化的结果是现实商品（不是样品）；转化的条件主要是转化环境和技术条件（工艺条件）；转化成败的关键主要是克服科学技术上的难关，因而转化过程的操作者是以科技成果发明人为主角；转化成功的标志是形成了可以进入市场的商品。在近几十年科技成果进行商业化时，常常产生新的企业，所以商业化有时候也叫作"企业化"。在市场经济条件下，科技商业化是科技成果转化的最重要方式。

但同时也可以看到,商业化是围绕微观组织,不以追求转化的社会效益最大化或国家效益最大化为主要目的。因此,就要提及另一相关概念"科技产业化":"在科技转化为商品时追求社会最大转化效益的过程就叫作科技产业化"。科技产业化的特点是:把科技转化为商品的全过程分解成若干个彼此相关的分过程,如开发、筹资、产、供、销售后服务等分过程,把对整个转化过程最大效益的追求,分解到每一个过程,成为追求每一个过程的最大效益,这就必定要求每一个过程面向社会选择质量、速度、成本的最优组合。

科技产业化与商业化不是一回事。商业化可由单个企业来完成;而产业化必须由企业群来完成。商业化主要受制于整个宏观产业化环境,这涉及政策、法制、金融、中介服务、人才培训等。商业化注重是否转化为现实商品;产业化注重的是是否成为巨大产业、获得了最大效益。商业化企业生产规模小、批量小,对社会影响小、推动力小;产业化中企业群经营规模大、批量大,对社会影响大、推动力大等。

从国家关注科技成果全过程来看,政策重心正在从产品化向资本化、产业化转变。过去的科技成果转化,关注的重点是科技成果产品化,很多的扶持政策和支持措施,较多的是基于技术和工艺的成熟,政府更多的是帮助科技成果从实验室走向生产。而现在科技成果转化的目标,不仅仅是追求技术的成功、产品的成功,而更在乎市场的成功。从政策扶持的角度来看,现在政府从研发投入的前端就开始进行需求调研,而且特别注重末端的市场培育,采取政府采购等措施,为企业进入新市场赢得更多的机会,降低进入的门槛。如,通过实施示范应用项目、示范应用工程、开展新技术新产品政府采购试点和应用推广、支持企业承接重大建设工程等方式,培育企业新技术新产品应用的市场环境。

三、科技成果转化与创新

现今的科技成果转化问题，是在创新驱动型经济的条件基本具备的情况下，如何快速推动科技成果转化为现实生产力，以更好地满足经济社会发展需求。其根本思路是如何解决好科技与经济一体化。新时期的科技成果转化实际上就是熊彼特意义上的"创新"含义。

首先，从创新与科技成果转化的目的和本质上讲，科技成果转化与创新一样，都是经济学概念。1912 年，奥地利经济学家熊彼特（J. A. Schumpeter）在《经济发展理论》提到：创新的内涵是建立一种新的生产函数，实现生产要素从未有过的新组合，把有创意的科技成果转化为可获利的商品及其产业。这种新组合的要素可以是：①一种新产品或一种新产品特征；②一种新的生产方法或者流程；③一个新市场；④一种新的供应来源或者营销渠道；⑤新的组织管理方法。经济的发展就是不断地实现各种不同要素的新组合的发展过程。对于科技成果转化，尽管学术界有着种种不同的解释和理解，但自始至终它就是一个不折不扣的经济学概念。它的核心内涵——将科技成果转化为现实生产力，始终没有发生过变化。过去的科技成果转化是一个与市场关系不大的计划经济学概念，在市场经济繁荣的今天，它则与创新一样，都是具有过程和结果双重内涵的市场经济学概念。创新和科技成果转化都是用来形容从实验室到市场的一个动态化过程，一个科技与经济、物化与市场化、科研与生产、营销与管理、技术与非技术相互融合的过程。

其次，从对科技成果转化与创新实施研究分析，随着对创新理论研究的不断深入，人们越来越认识到创新过程的复杂性，单从单一的要素出发已很难解释创新的系统行为。于是，基于系统整体对创新过程进行研究逐渐引起人们的广泛重视，并由此推动了协同创新方面的相关研究。国外学者 Kline 和 Rosenberg 运用非线性理论揭示了创新过程整体协同运行机制。Cris. Freeman 等人在对英国、日本等国技术政策对经济绩效的影响研究基础上提出了技术经济协同进化范式。Joe Tidd、John Bessant、Keith Pavitt 从市场、技术、组织三个方面强调系统整体协同对创新绩效的重要性，使得创新的协同研究越来越受到重视。国内著名学者柳卸林、马驰、汤世国提出："创新是不同主体和机构间复杂的互相作用的结果。技术变革并不以一个完美的线性方式出现，而是系统内部各要素之间的互相作用和反馈的结果。这一系统的核心是企业，是企业组织生产和创新、获取外部知识的方式。外部知识的主要来源则是别的企业、公共或私有的研究机构、大学和中介组织。"❶北京市科委提出科技成果转化"全链条、全要素、全社会"系统工程论，由此看来，西方对于"协同创新"概念的认识与中国的科技成果转化系统化工程的思路不谋而合。

　　从上述对比分析科技成果转化与创新概念的目的、本质与实施研究来看，"创新"概念与广义上科技成果转化的定义很接近。与"创新"比起来，"科技成果转化"这一个概念或许更加直观地体现了科技与经济融合过程化的思维模式。如前所述，科技成果转化目的就是为推动经济社会发展，经过多年的研究与使用，大家对这一本土概念耳熟能详，不断加深了对其核心含义的理解。而创新作为一种外来词汇，在中国语境中也影响深远，无论在学术论文还是政府文件中，诸如"促进科技创新与科技成果转化"之类将创新与科技成果转化并列的提法比比皆是。这种现象表明，在中国语境中，尤其是在中国科技语境中，创新这一概念已经被认同为与科技成果转化融合发展的产物，只不过科技成果转化更体现了科技与经济一体化结合需要一过程的动态线性思维定义模式。而西方以熊彼

---

　　❶ 柳卸林，马驰，汤世国. 什么是国家创新体系 [J]. 数量经济技术经济研究，1999（5）.

特为最重要创新理论专家,提出创新包括技术性变化的创新及非技术性变化的组织创新和资源配置方式创新三方面内容,更加注重对"创新"要素之间组合。这反映出西方学者相对更加注重发散性的网状思维定义模式。线性思维注重的是持续性,而发散性思维则更加注重扩张性。伴随科技全球化发展进程,国外更加注重通过要素之间的组合创新来促进经济发展模式的更新迭代,引起我国企业界、科研界和政府的共同关注。

四、科技成果转化与技术转移

科技成果转化与技术转移的英文分别是 technology transfer 和 transformation of scientific and technological achievements。在很多情况下,"技术转移"和"科技成果转化"甚至常常被当作同义词使用。事实上,"技术转移"和"科技成果转化"这两个概念,既有着密切联系,又存在显著区别。

(一) 技术转移的概念

技术转移概念最初于 1964 年第一届联合国贸易和发展会议上作为解决南北问题的重要战略被提出,会议上把国家之间的技术输入与输出统称为技术转移,这也是最广泛意义上的技术转移。

目前,关于技术转移概念按其强调的侧重点不同,大致有以下 8 种观点。[1]

(1) 知识诀窍的转移、分配说。它认为,技术转移是技术知识的转移和再分配,有代表性的如国际商会的定义,即技术转移是关于产品的制造方法和技术实施的全部知识诀窍和经验的转移。

(2) 技术知识应用说。它把技术转移看作技术在社会范围内的广泛应用,如弗兰克·普雷斯博士的定义:"技术转移就是研究

---

[1] 范保群,张钢,许庆瑞. 国内外技术转移研究的现状与前瞻 [J]. 科学管理研究, 1996 (1).

成果的社会化，包括其在国内和向国外的推广。"

（3）地域、领域转移说。它认为，技术转移是地域上的转移和技术所属领域的转移，前者使技术从一个国家或地区转移到另一个国家和地区，后者使技术从一个领域转移到另一个领域。

（4）环节转移说。它认为，技术转移是技术信息经过一系列阶段和环节顺序的发展过程。如我国学者林慧岳认为，技术转移是技术和知识及其载体（人或机器设备等物质形态）在技术活动中的发明、创新和扩散3个环节之间的定向流动。

（5）技术载体转移说。它认为，技术转移就是技术载体的转移，其中技术载体指人（具有技术知识的人）、物（生产工具、设备机器等）和文字信息（书刊、文献、图纸、胶片、磁带、磁盘等）。

（6）相异主体合作说。它从主体角度来定义技术转移，认为技术转移是技术要素在不同主体之间的流动过程，有两个特征：存在不同主体、主体之间存在合作。Bozeman将技术转移定义为"专有技术、技术知识或技术从一个组织架构到另一个组织架构的移动"[1]。

（7）技术商品流通说。它从技术的商品属性角度来定义技术转移，认为技术转移就是技术成果作为一种商品在不同所有者之间的流通过程。Gee从经济效益的角度认为，技术转移为的是给新的使用者带来预期经济效益的技术新应用。[2]

（8）消化吸收说。它认为，技术转移不仅是指技术知识以及随技术一起转移的机器设备的移动，而且应是技术在新的环境中被

---

[1] BOZEMAN B. Technology Transfer and Public Policy：A Review of Research and Theory [J]. Research Policy, 2000, 29 (15): 627-655.

[2] GEE S. Technology Transfer, Innovation and International Competitiveness [M]. New York：Willey, 1981.

获得、吸收和掌握的完整过程。如 S. 洛杉布尔姆认为，技术转移是指"技术在与其起源不同的环境中被人获得、开发和利用"。

上述八种观点在技术转移概念的界定上各有侧重，但从其字面意义来看其提及的技术基本上都是已经成熟，更多的指向技术在不同环境、主体间的水平移动。《促进科技成果转化法释义》对技术转移的定义是：制造某种产品、应用某种工艺或提供某种服务的系统知识，通过各种途径从技术供给方向技术需求方转移的过程。并认为技术转移是科研院所、大专院校等创新源头力量实现科技成果转化的主要方式，技术转移双方利用合同等交易形式，实现技术与经济利益的转化与分享。

(二) 技术转移与科技成果转化的区别与联系

我国在 20 世纪 80 年代以前基本上没有技术转移之说，后来国内的一些学者出于借鉴国外的研究方法和研究成果的需要，对国外的相关文献进行研究后将该词引入到国内。技术转移与科技成果转化这两个概念的存在，不仅是语言习惯的问题，也与东西方社会制度的差异、认知上的差距等相关。

西方资本主义国家崇尚自由竞争，注重科研成果与应用相结合，政府的关注点是如何通过商业模式的创新把科技成果从公共部门流向企业，促使公共资源为私人企业所用。而科技成果转化重在"化"，即科技成果或技术形态的变化，是一个无法在统计意义上严格界定的概念，它包含的内容更物质化；技术转移重在"移"，更关注的是技术在供需双方的交换这一过程。技术的转移的过程只是科技成果转化过程的关键环节，科技成果可以在不改变技术形态的情况下转移给企业，即达成技术转移，但是这并不意味着成果转化过程的完结。技术的转移能够促进科技成果的转化，但不是每一步技术转移，以及所有的技术转移都能促进科技成果的转化。单纯的"转"就是使用已有的成果，"化"需要开发和深化，使实验室成果在转移过程中不断成熟、增值，成为改变社会产业结构的特殊商品。

我国科技成果众多，但真正转化成有市场竞争力的产品并不多，一方面可能是由于这些成果中包含的独创性核心知识不多；另一方面是由于一项新科技成果的成功转化，还与转化主体组织的人才管理、物流、营销策略、企业文化等与商业模式相关的众多因素息息相关。

第二节　商业模式创新

上一节提到科技成果转化与创新的区别与联系，并且推导出我国的科技成果转化概念基本等同于熊彼特提出的创新的概念。主要区别在于西方学者更加注重对"创新"要素之间组合，在注重技术性创新的同时，更加注重其与非技术性变化的组织创新和资源配置方式创新三方面的组合创新，也即更关注商业模式创新与技术创新的协同关系。

商业模式从其字面来看，由"商业"和"模式"两词组成，"商业"就意味着"交易和营利"。"模式"是指为了达成交易而做到"有章可循"。商业模式简单地可以理解为："某主体为了促成交易，获得交易利益，而围绕价值创造、价值转移以及取得交易价值而进行的系统设计。"

从国内外相关研究文献来看，对于商业模式的研究历经了从最初的对于商业模式概念内涵的界定、构成要素、分类的研究，逐步发展到商业模式创新动力、路径、影响因素及评价的研究。

一、商业模式概念与内涵

（一）商业模式概念的起源

约瑟夫·熊彼特早在1939年就指出："价格和产出的竞争并不重要，重要的是来自新商业、新技术、新供应源和新的公司商业模式的竞争。"这也许是提及商业模式这一概念的最早出处。但是这一概念被广泛地提及并受到研究者及企业经营者的重视是在20世纪90年代以后。在以互联网为代表的信息技术的快速发展背景下,一大批基于互联网技术的新企业蓬勃发展,它们以不同于传统企业的方式为顾客创造和提供价值,并获得了传统企业无法比及的成功。如eBay、Yahoo、百度、搜狐、淘宝等20世纪末、21世纪初新兴企业,他们在短短几年时间里,以各式各样的全新方式,从小到大,快速发展。正是在这样的背景下,商业模式一词开始引起社会各界广泛关注,并在很短的时间里成为世界范围内企业界与学术界最为关注的词汇之一。近几年O2O商业模式在众多行业的兴起,将商业模式一词再次推向了热词榜。

(二) 对于商业模式概念研究综述

虽然商业模式一词已经受到国内外企业界和学术界的广泛关注,但对其概念本质迄今还未达成共识。从历史的角度分析,对于商业模式的定义历经了从注重表象到注重实质内容,从注重单个要素分析到注重系统分析的演化过程。

(1) 对于商业模式的表象定义。即将商业模式描述为获取利润的逻辑或者方法。例如:Rappa将商业模式定义为企业赚取利润和经营商业以自我维持的方法。Stewart等认为商业模式是用以陈述企业获得并保持其收益流的经济逻辑。Hawkins将商业模式定义为一种构造各种成本和收入流的方式,即怎样通过建立企业与其产品或服务之间的商务关系来创造收入以使企业得以生存。Afuah等认为商业模式是企业如何有效获取并使用资源创造优于竞争者的顾客价值,从而赚取更多利润的方法。它包括目前企业获取利润的方式、长期获取利润的规划以及增强企业竞争优势使其持续优于竞争对手的途径。

(2) 依据商业模式实施过程的定义。Timmers认为商业模式是包含对不同商业参与主体的作用、潜在利益和获利来源的描述,是企业产品、服务和信息流的架构。Mahadevan认为商业模式是企业与其商业伙伴及买方之间价值流、收入流和物流的一种特定组合方式。Applegate 认为商业模式可以分析商业活动如何响应现实世界以及商业活动的结构之间、结构元素之间的关系,是对复杂商业现实的简化。清华大学雷家骕教授认为,商业模式是一个企业如何利用自身资源,在一个特定的包含了物流、信息流和资金流的商业流程中,将最终的商品和服务提供给客户,并收回投资、获取利润的解决方案。企业把上述一系列管理理念、方式和方法,反复运用,进行集成与整合,从而形成自己的一套管理方法和操作系统。这个定义对商业模式的创新实践具有指导和操作意义。泰莫斯认为,商业模式是指一个完整的产品、服务和信息流体系,包括每一个参与者及其在其中起到的作用,以及每一个参与者的潜在利益和相应的收益来源和方式。在分析商业模式过程中,主要关注企业在市场中与用户、供应商及其他合作伙伴的关系,尤其是彼此间的物流、信息流和资金流。Weill 等认为商业模式通过描述企业的合作伙伴、供货商与顾客的角色定位和关系,从而辨认参与主体能获得的主要利益及产品、信息和资金的流向。Dubosson-Torbay 等认为商业模式描述了企业与其合作企业创造目标顾客群体架构、营销、传递价值和关系资本,从而获得可持续的收入流的方式。Osterwalder 等认为,商业模式是一种建立在许多构成要素及其关系之上、用来说明特定企业商业逻辑的概念性工具。国内学者翁君奕将商业模式定义为核心界面要素形态的有意义组合,即客户界面、内部构造和伙伴界面的各环节要素的可能组合,而每一种有意义的形态组合被称为商业模式原型。

(3)以"价值链"概念为基础的定义。哈佛大学商学院著名经济学家迈克尔·波特提出企业竞争的价值链理论,并且认为价值链要素主要包括产品设计、研发、生产、营销、销售和物流等。这为以价值链为基础的商业模式定义奠定了基础。Amit 等将商业模式看作是对由公司、供应商、候补者和客户组成的网络运作方式的描述，是一种利用商业机会创造价值的交易内容、结构和治理架构。KM Lab 顾问公司认为商业模式应涵盖企业产品、服务、形象与配销的特定组合以及用以完成工作的人员与作业基础建设的基本组织，总的来说是对企业如何在市场上创造价值的描述。Linder 等将商业模式定义为商业组织或者系统创造价值的逻辑，认为商业模式创新是企业建立启发式逻辑，把技术与其所蕴含的潜在经济价值联系起来的过程。❶它的定义将重点放在"创新"，认为商业模式是一种创新形式，技术创新必须伴随商业模式创新才能释放出其中蕴含的经济价值。

综上可以看出，对于商业模式的定义经历了从最初赚取利润来源的手段的直白表述方式，转向对商业模式实施过程涉及细节的描述，再到近期的以价值为核心的研究方向。笔者更倾向于以价值为核心的定义方法，简单化地将商业模式定义为："某主体为了促成交易，获得交易利益，而围绕价值创造、价值转移以及取得交易价值而进行的系统设计。"

(三) 商业模式构成要素

对商业模式内涵观点的迥异，导致对商业模式构成要素的看法也未达成统一，众说纷纭，不同学者对商业模式构成要素在深度和广度等方面的描述差异很大。例如，Timmers❷运用简单罗列的方式对商业模式的构成体系进行研究。他指出，商业模式应当包含 3 方面内容：产品流、服务流和信息流构成的体系结构描述；商业活动参与者潜在利益描述；收入来源描述。在战略管理领域，Hamel 认为商业模式由顾客界面、核心战略、战略资源、价值网络四大元

---

❶ CHESBROUGH H. Open Business Models [M]. Boston: Harvard Business School Press, 2006.

❷ TIMMERS P. Business Models for Electronic Markets [J]. Electronic Markets, 1998, 8 (2): 3-8.

素构成。Osterwalder❶提出商业模式要素包括四个组成部分：产品方面、财务方面、顾客界面、内部管理。其中包含10个子要素，分别是：价值主张；顾客细分、分销渠道、顾客关系；成本、利润、收入；能力、价值结构、合作伙伴。Johnson❷等认为，商业模式由顾客价值命题、营利模型、关系资源、关键过程四个要素实现。Lindgardt❸等认为商业模式包括价值命题和运营模式两个要素，每个要素又分别包含若干个子要素。

总结以上对于商业模式定义与内涵的研究，可以看到学术界和企业界对于商业模式的理解大都聚焦于企业层面。但笔者认为，商业模式概念的定义可以延伸至国家、地区的层面，每个国家和地区由于自然条件、政策制度以及战略定位的不同可以衍生出不同的商业模式，应该引起国家及地区相关部门的重视。由于时间和研究能力的限制，本书对于商业模式的研究也仅限于企业层面的科技创新和科技成果转化。

二、商业模式创新的动力

商业模式创新是企业改变其价值创造和价值获取逻辑，通过新的资源整合方式与新的业务流程为顾客提供新价值主张的过程。❹商业模式创新的定义既包括经济层面的要素（营利创新），又包括

---

❶ OSTERWALDER A，PIGNEUR Y, TUCCI C L. Clarifying Business Models：Origins, Present, and Future of the Concept [J]. Communication of the Association for Information Systems, 2005, 16：1-25.

❷ JOHNSON M W CHIRSTENSION C M, KAGERMANN H. Reinventing Your Business Model [J]. Harvard Business Review, 2008 (12)：51-59.

❸ LINDGADT Z, EEVES M. STALK G, et al. Business Model Innovation：When the Game Gets Tough, Change the Game [J]. The Boston Consulting Group, 2009 (9)：1-8.

❹ JOHNSION M W, CHIRSTENSON C M, KAGERMANN H. Reinventing Your Business Model [J]. Harvard Business Review, 2008 (12)：51-59.

操作层面的要素（营运创新），还包括战略层面的要素（定位创新）。其中，价值主张为客户提供价值，反映价值定义的内容，比如为客户提供什么样的产品，目标客户是谁，目标客户的需求怎样等，表明了企业的市场定位；资源整合与业务流程界定了价值创造与价值传递的方式，涉及企业为了在价值网络中找到有利的位置、提升创造和获取价值的能力而进行的与价值创造伙伴之间的分工与协作，体现了企业的运营系统；价值获取机制则反映企业的营利模式，也就是企业在给顾客以及合作伙伴创造传递价值的同时为自己创造价值的方式。❶

促成企业商业模式创新的动力很多，可能是来自外部环境的竞争压力，也可能是企业新技术成果开发市场的需求，还有可能是国家政府政策导向的引导。下面以行业发展生态周期为主线，对商业模式创新市场需求拉动、技术发展推动、市场竞争压力及政府政策引导这4个重点阐述。

（一）市场需求拉动

需求是市场发展的根本动力，市场的需求也是企业创新的重要内在动力。庞大的市场需求可以为企业带来巨大的利润。发现潜在的、未开发市场需求，是企业获得发展竞争优势、减少竞争压力并获得超额利润的不错选择。但是这个选择一般处于一个行业发展生态系统的初级阶段，需要投入的资金、人力、物力资源也最多。

（二）技术发展推动

新技术推入新市场，一般都需要进行新商业模式的应用。Christensen对突破性技术的市场化进行了研究。他认为，突破性技术是一种比较激进的技术创新，原有的商业模式的运行方式肯定不适合新技术的市场化，此时必须采用一种全新的商业模式来使突破

---

❶ 张新香，胡立君. 面向农村地区商业模式创新的实施机理及策略启示［J］. 经济管理，2013，35（4）：153-163.

性技术的产品实现市场化。❶但是,必须注意的是,技术创新是商业模式创新的基础和条件,是重大的商业模式创新的最重要和核心驱动力。过分强调商业模式的创新而忽视技术创新的商业模式创新是不具备可持续发展力的,并且片面地强调商业模式创新并不足以保证企业获取竞争优势,离开技术创新的商业模式创新将是无本之木、无源之水。

(三) 市场竞争压力

当某一新技术成为某一行业发展的成熟技术之后,众多企业之间的竞争将上升到将企业内部、外部的人力、物力、资金资源整合优化配置的竞争。为了适应动态的、不断变化的市场环境变化,企业需要持续不断地创新、调整现有的商业模式。这也是某一行业发展处于繁荣发展时期,企业进行商业模式创新难度最大和最频繁的阶段。

(四) 政策创新导向

较高的创新成本会遏制企业的创新热情,同时新技术的发展或者新商业模式的运行一般都会对原有的利益企业集团造成一定的打击。鼓励与激励新需求、新市场发展的政策导向将对新商业模式的发展起到很好的引导和推动发展作用。例如,交通管理部门对于类似滴滴出行创新商业模式的政策导向。

三、商业模式创新的途径

党的十八大报告在论述创新驱动发展战略时明确指出:加快新技术新产品新工艺研发应用,加强技术集成和商业模式创新。可见,商业模式已经成为创新驱动发展战略的重要组成部分。商业模式创新是一项复杂的系统工程,所以其创新的途径也多种多样。

---

❶ CHRISTENSEN C M. The Innovator's Dilemma: When New Technologies Cause Great Firms to Fail [M]. Boston: Harvard Business School Press, 1977.

（一）提供新产品、新技术或者新服务

新产品、新技术或者新服务是企业运作和营利的依托，是商业模式取得收益或价值创造的源泉。新产品、新技术与新服务的创新与商业模式创新是相互融合，依靠协同机制实现战略的、系统的、协同或耦合的发展。

企业的商品和服务只有获得顾客的认可，满足顾客的需求，才能在市场上立足，并获得更大的发展机会。买方市场下，顾客拥有更多的选择权，顾客变得更加挑剔，这就给企业带来了更大的挑战。企业应敏锐洞察顾客需求，或者主动重新定义和发现顾客新需求，开发新的产品和服务。

（二）改变产品、技术或者服务的营销模式或者渠道

作为商业模式重要实施手段的营销设计也可以成为很好的商业模式创新途径。近年来，O2O商业模式概念盛行，为传统企业增加了新的营销渠道与模式，带动了一批具有创新意识的企业快速发展。此外，通过减少分销渠道的方式，可以减少商品的流通成本，创造更多的顾客价值，使企业获得竞争优势。例如直销商业模式，由销售人员为顾客提供"一对一"的服务，直接把产品送到顾客手中。这样就减少了流通环节，降低了销售成本。随着互联网技术的发展，以互联网搭建网上交易的电子商务平台越来越多，生产商与消费者不经过经销商的商业模式也逐渐得到快速发展，这样的商业模式对传统直销企业的发展也带来一定的冲击。

（三）重新定义收入模式

企业通过改变收入介质与竞争者形成差异往往会获得新的利润。例如世界上最大的零售公司沃尔玛主要的利润来源并不是产品的差价，它收入的模式是通过搭建平台获得庞大的资金流，用质押的庞大现金流进行投资来获取高额利润。

（四）通过协同创新

商业模式创新的过程是一项复杂的系统工程，涉及产品研发、

研发产品成功之后科技成果的销售以及进入市场后产品后期服务等一系列的问题。这个过程需要多方主体的协同。对此 Joe Tidd、John Bessant、Keith Pavitt 从市场、技术、组织三个方面强调了系统整体协同对创新绩效的重要性。我国学者许庆瑞也在创新要素全面协同观的基础上提出了全面创新管理（Total Innovation Management，TIM）新范式，彭纪生、吴林海从宏观和微观层面分析了技术创新的协同模式，孙强、杨义梅对技术创新与管理创新的协同效应进行了研究。由此可见，协同创新对提升创新绩效非常重要，而固化下来的商业模式在一定程度上就是创新的绩效表现形式之一，协同创新是创新商业模式途径之一。

（五）创新价值链视角❶

Magretta 认为，新的商业模式就是隐藏在所有商业活动下一般价值链上的变量，价值链由两个部分组成：一部分包括所有与生产有关的活动，例如设计、购买原材料、制造环节；另一部分包括所有与销售有关的活动，例如寻找并接触顾客、交易、分销渠道和售后服务等环节。他得出结论：一个新的商业模式或者起始于一个产品的创新，或者起始于一个流程的创新。通过从产品研发、产品转移及产品售后服务等环节的创新可以形成更为难以模仿的商业模式。

总之，商业模式创新途径很多。可以从商业模式组成要素角度进行创新，也可以从商业模式价值链定义的视角，依据价值链产生过程对商业模式对应的每个环节进行创新。从总体上看，对于商业模式创新途径的研究或者实践活动，经历了从最初的主要侧重单个或者多个要素创新，到后来开始从系统的角度来看待商业模式创新，研究的视角也逐渐丰富起来。

---

❶ 项国鹏，周鹏杰. 商业模式创新：国外文献综述及分析框架构建 [J]. 商业研究，2011（4）.

四、商业模式创新在科技成果转化中的重要作用

我国学者许庆瑞[1]在创新要素全面协同观的基础上提出的全面创新管理这一创新管理的新范式，对企业制度与技术的协同创新、技术与市场的协同创新，以及企业内部技术、组织与文化的协同创新进行了深入的研究，推动了创新管理理论的发展。

他的研究成果以及国内外其他学者对协同创新的研究成果对本书研究商业模式创新具有积极的借鉴意义，但他们的研究主要是从创新要素之间合作的角度展开，研究要素之间的相互关系。事实上，协同是系统内部各组成要素之间通过非线性的相互作用而使系统结构有序演化的自主组织过程。因此，通过对协同创新更加深入的考察会发现，协同本质上是创新系统内部的一个建制过程，是从做中学，做中发展与成长，更是通过创新的协同机制促进创新发生的一种组织氛围，也是一种创新涌现的回应机制。

（一）科技成果转化与商业模式创新

商业模式创新的过程很大程度上就是企业内部协同创新的关键影响因素重新组合配置的过程。科技成果转化与商业模式创新之间的关系复杂。例如，周江华[2]和李志强[3]肯定了两者之间的相互促进与交互驱动的关系；Chesbrough & Rosenbloom、刘常勇、Christian & Seidenstricker、任声策认为技术创新是企业商业模式创新的关键，并用实例验证了商业模式取得收益或价值创造的源泉来源于对

---

[1] 许庆瑞，郑刚，喻子达，等. 全面创新管理（TIM）：企业创新管理的新趋势：基于海尔集团的案例研究 [J]. 科研管理，2003（5）.

[2] 周江华，仝允桓，李纪珍. 基于金字塔底层（BoP）市场的破坏性创新：针对山寨手机行业的案例研究 [J]. 管理世界，2012（2）：112-130.

[3] 李志强，赵卫军. 企业技术创新与商业模式创新的协同研究 [J]. 中国软科学，2012（10）：117-124.

技术创新的投入和认知；饶扬德、陈萍萍、阳双梅、孙锐等人则认为技术创新与商业模式创新是相互融合，依靠协同机制实现战略、系统的、协同耦合发展。从有关文献资料的数量统计分析来看，国内外学者对商业模式推动技术创新以及商业模式创新与技术创新协同发展的相关文献作了大量的分析与论述，但对于商业模式创新如何推动科技创新或者科技成果转化加以论述的相关文献不多。提高创新、科技成果转化工作效率是企业提高资质、增加利润和持续稳定的重要保障。科技成果转化三段论，意味着科技成果转化过程面临风险和不确定性。企业要提高科技成果的转化率，必须把科技成果转化工作系统化。首先，做好科技成果的立项工作，结合科技查新、专利文献搜索，以及科技成果的应用是否有广泛的市场需求进行立项；其次，加深对科技成果商品属性的认识，利用多种形式和方式，加大科技成果推广力度；最后，为使科技成果使用阶段取得良好的市场回报和实现市场的良性发展，必须做好科技成果使用阶段的售后服务及信息反馈工作。所有这些努力都是为实现科技成果转化服务的，也就是对科技成果转化的全流程做系统营销设计。联系前面提及的"营销是商业模式实施的重要手段"的理论依据，商业模式创新应该更多地体现在对于科技成果转化全链条、全过程、全要素的营销模式创新。

（二）商业模式创新促进科技成果转化的机理

科技成果是特殊的商品已成定论。随着对科技成果商品属性认识的不断深入，科技成果同样需要营销也已成为共识。但是，仅有科技成果市场化营销理念是不够的。营销学作为一门单独的学科，包含很多内容，并且科技成果作为特殊的商品又有其特殊性、复杂性、融合性、渗透性以及系统性，所以科技成果作为一种特殊的商品，它的营销过程更为复杂。这要我们在科技成果营销模式的选择上既要体现普通商品营销模式的一般特征，又要满足科技成果的特殊商品需求特点。

借鉴著名经济学家迈克尔·波特提出的"价值链"为基础的商业模式的定义，有助于分析商业模式创新促进科技成果产业化的理论依据。如前面所述，基于价值链概念，商业模式可以简单地理解为："某主体为了促成交易，获得交易利益，而围绕价值创造、价值转移以及为取得交易价值而进行的系统设计。"采纳Lindgardt等商业模式包括价值命题和运营模式两个主要素的观点，可以总结出上述协同创新与科技成果转化和商业模式创新的关系：商业模式创新更多地体现在科技成果转化全链条、全过程、全要素的营销模式创新。

科技成果转化是一个联系的、动态的、由许多环节组成的复杂的协同创新系统工程，在此过程中，商业模式创新与科技成果转化相互交融，相互促进，不可分割。商业模式创新依据创新侧重点的不同，通过创新产品或者服务价值主张、改变价值传递模式、重新定义价值创造、收入模式，或者通过协同创新再造新价值网络等多种途径推动商业模式创新，同时也是协同创新的过程、推动科技成果转化的过程。

（三）商业模式创新促进科技成果转化的案例分析

首都科技条件平台作为北京地区科技创新的重要性资源平台，通过"所有权与经营权分离"等一系列制度创新，实现了对在京高校、院所、企业科技资源的有效整合、高效市场化运营，为全社会特别是科技型中小企业的自主创新提供了有力支持。

在顶层设计中，首都科技条件平台突破传统体制下科技资源管理部门管辖的"孤岛"状态，通过将资源所有权与经营权分离的制度创新，在科技资源所有权不变的前提下，将开放的科技资源的经营权授予具有独立法人资格、具有运营服务能力的第三方专业服务机构进行市场化运营。首都科技条件平台成员单位授权第三方专业服务机构集成高校和科研机构的科学仪器、科技成果和科技人才三类存量资源，根据企业创新需求提供产品组合服务，并且科技资源所有方把产品市场定价权放开给第三方专业服务机构，自己保留

"成本"定价权。最为主要的是高校和科研院所与第三方服务机构,各个平台成员机构与首都科技条件平台通过协议方式明确了各方利益分配机制,形成多元主体风险共担、利益共享的组织结构。首都科技条件平台这种一手托资源、一手托市场的运营模式不仅保障了平台的良性可持续发展,而且实现了科技资源管理变革的帕累托改进,有力地推动了北京市科技成果转化效率。

第二章 构建协同创新的商业模式评价结构模型

前面第一章已经提到,商业模式创新的过程本质上就是科技成果转化的过程,是一项复杂的创新系统工程(innovation system),是一个开放的系统。创新系统内部组成元素在非线性相互作用下产生协同效应或绩效,以自我组织方式形成了在空间、时间或功能上的、有序的系统结构模型,影响了系统的外在行为。协同创新本质上也是一种响应机制。换言之,系统内部各组织以创新为中心,协同回应并促进创新的发生与涌现,同时这种机制的形成需要在各组织的非线性相互影响及作用下,在组织内部形成一种激励创新的氛围,使创新的发生处于一种自觉的状态,也使处于其中的团队成员视创新为一种自觉的行为。

第一节 协同创新关键绩效指标体系的建构

一、协同创新发展的关键影响因素

协同创新可以说是创新团队行动的一种默契,而这种默契是团队成员之间,在特定的支撑条件或要素作用下,通过长期的交流与协作形成的。无疑,默契的形成创造出一种氛围,规范着处于其中的人们,同时也将对新的加入者产生影响。在创新的组织建制过程中,企业应积极开展创新默契的发掘与建设工作,积极营造支持创新的良好氛围,并以此来促进创新的自组织发生。创新过程更多地表现为一个自组织协同过程,协同创新必须突破传统理论强调对创新过程进行严格计划与控制的思维模式,任何严格、正式的计划、程序和控制系统对创新过程管理而言都存在严重的局限性。

协同创新的演进过程,本质上是创新的组织建制过程。深入揭露创新的组织建制过程是说明企业掌握创新规律、有效开展创新工作、积极创建创新氛围的基础。协同创新机制的形成是以企业内部相关要素的有效支撑为前提条件的。只有在这些要素的相互协作之下才可能出现宏观意义上的有序结构;也只有把这些支撑要素确定清楚,才能真正地为创新的组织建制工作提供基础,指明创新方向。

二、协同创新的关键影响因素指标体系

根据上述条件,在企业组织内部至少存在以下五个关键成功因素或关键影响因素会影响着协同创新的发展。此五项因素分别为协同创新策略、协同创新文化、协同创新组织、协同创新制度、协同创新技术。

(1)协同创新策略。策略是企业根据外部环境(经济、政治、社会、技术以及产业状况等)和内部条件要素(管理、营销、财务、生产、研发等)制定的一项长期发展规划,用来指导企业在未来较长一段时间内的业务选择和经营发展。因此,企业策略是在企业内部各要素集体运动下适应外部环境的产物,一旦形成又必须使其内部要素作出相应的调整以适应策略发展的要求,成为一种宏观的影响变量,影响企业的兴衰存亡,符合协同创新关键影响因素所确定的标准。

(2)协同创新文化。企业文化就是企业在长期的发展过程中积累而成的一套价值理念,以及成员在实践过程中自觉的行为方式。积极向上的企业文化可以增强成员的凝聚力与战斗力,激发成员的创新精神。而且企业一旦形成它独特的文化,那么这种企业文化在一定时期内就具有相对的稳定性,对处于其中的人们产生一种

无形的影响，支配着他们的行为。

（3）协同创新组织。此处的组织主要是指狭义的组织结构。组织结构的形成与优化是组织对外适应、对内调节的产物，是组织内部要素相互作用的系统结构表征。组织结构的差异直接影响着创新协同的效果。传统的职能式组织结构将拥有不同技能的人员以及拥有不同用处的资源人为地分割开来，不利于协同创新环境的发展。而网络型组织结构的出现将组织内部各要素有效地联结起来，打破了组织部门的分割现状，是创新型组织的发展方向。

（4）协同创新制度。企业制度的演化具有路径依赖，制度的建立与不断完善是组织不断调节适应的结果，也是组织系统内部诸要素相互关系的正式或非正式安排。企业制度一旦确定便在一定时期内具有相对的稳定性，为创新提供一个相对稳定的制度环境，激励、规范、约束处于其中的创新团队的行为与活动。

（5）协同创新技术。技术特别是核心技术的积累是企业内部相关要素有效协同的结果，与企业的策略选择、组织文化、组织结构以及制度安排是密不可分的。即使是引进的技术，也需要企业有充足的吸收和消化能力，在组织内部各相关要素的相互协作之下，使其成为企业自身的技术，才能促进企业的发展。而经过一段时间，此技术一旦成形，其他要素便伺服于该技术，成为推动企业发展的引擎。

三、企业内部协同创新

创新策略、创新文化、创新组织、创新制度与创新技术是企业内部创新协同的五个关键成功因素。在系统实践演化的过程中，这五个关键成功因素之间可能存在着竞争，也可能存在着合作。竞争的结果是在某一特定时期，某一关键成功因素对系统的演化起着主导作用，而其他关键成功因素则弱化，在这一时期不起主导作用。但随着时间的递延，在另一特定时期，另一关键成功因素则成为主导,主宰着系统的演进。许庆瑞教授曾基于企业发展的不同时期,提出协同创新的技术创新主导型、制度创新主导型、技术创新和制度创新共同主导型三种模式。技术创新主导型一般处于企业创业期,制度创新主导型一般处于企业成长期,而技术创新和制度创新共同主导型一般处于企业成熟期。此项分类便是基于企业在生命周期中不同时期,不同关键成功因素之间竞争合作的结果。

从全面性来考虑,可以将协同创新的影响因素分为技术因素和非技术因素,其中创新策略、创新文化、创新组织、创新制度属于非技术因素。在创业初期,企业刚刚建立,开拓市场、壮大规模成为企业发展的关键,企业迫切需要通过产品和服务创新来站稳脚步,占领市场,此时创新技术因素是企业进一步发展的关键因素,因此这一时期为技术因素主导型;当企业发展到一定规模进入成长期时,非技术因素问题突现,策略方向不明朗、组织结构不合理、制度设置不健全等问题成为这一时期创新协同发展的关键,企业为实现发展,非技术因素瓶颈必须突破,因此这一时期为非技术因素主导期;当企业进入成熟期,发展速度趋缓,技术在不同企业间扩散,先前的技术已不具有优势,同时创新策略、创新文化、创新组织、创新制度等非技术因素也需重塑,因此这一时期为全要素主导期。

综观前述关于协同创新绩效的影响因素,根据上述分析我们设置策略、文化、组织、制度、技术五个关键成功因素,其中,策略包括创新策略的相关性、策略的适应性及资源共享程度三个测量指标;文化包括文化的开放程度、宽容程度、合作氛围与信息共享四个测量指针;组织包括组织结构的扁平化、灵活性、非正式沟通管道、部门间的有效联结四个测量指标;制度包括制度设置的激励性、协调性、企业家的创新精神三个测量指标;技术包括技术的价值性、独特性、难模仿性及延展性四个测量指标。协同创新是具有目的性的,协同系统向有序结构的演化是合目的性的演化。企业协同创新机制的形成，创新平台的搭建其目的主要体现在创新业绩的提升上（见表2-1）。

表2-1 企业内部协同创新的构面准则及内涵

构面	准则	描述
D1 协同创新策略	C1 创新策略的相关性	创新策略是企业其他部门发展策略具有相关性程度
	C2 创新策略的适应性	创新策略响应外部环境变化的适应程度
	C3 资源共享程度	创新资源在组织内部的共享程度
D2 协同创新文化	C4 文化的开放程度	组织的创新文化鼓励员工开放创新的程度
	C5 宽容程度	组织内各创新团队及成员相互宽容的程度
	C6 合作氛围	组织内各创新团队及成员相互合作的氛围
	C7 信息共享	组织内各创新团队及成员间信息和知识分享程度
D3 协同创新组织	C8 组织结构的扁平化	组织内部结构设计的扁平化程度
	C9 组织结构的灵活性	因应环境变化组织结构设计的弹性程度
	C10 非正式沟通管道	组织内各创新团队及成员非正式沟通的友善氛围
	C11 部门间的有效联结	组织内各部门相互支持的顺畅程度
D4 协同创新制度	C12 制度设置的激励性	组织制度设计具有激励创新机制的有效运作程度
	C13 制度设置的协调性	组织制度设计具有横向协调机制的有效运作程度
	C14 企业家的创新精神	组织内创新团队成员具有企业家创新精神的特质
D5 协同创新技术	C15 价值性	协同创新成果对利害关系人的价值性
	C16 独特性	协同创新成果在市场上具有独特性或差异性的程度
	C17 难模仿性	协同创新成果具有难被模仿性的门槛效应
	C18 延展性	协同创新成果具有未来持续创新的延展性

综上所述，协同创新本质上是在组织内部建立创新的协同回应机制，也即形成创新的动力机制与发生机制，在策略、文化、组织、制度、技术等系统构面的竞争合作下形成创新的文化氛围，使创新成为组织内部一种自觉的行为。上文主要影响因素的确定采用了定性分析的方法，为了使本书结论更具有指导价值，下面拟采用混合式多评准决策方法对其进行实证分析。

第二节 混合式多评准决策方法的应用

研究采用混合式多评准决策方法，使用 DEMATEL 来建立企业内部协同创新评估各个构面及准则之间的影响关系，再以 DEMATEL-Based ANP（DANP），建立各因素准则的影响权重值，最后应用 VIKOR（折中排序法）评估绩效找出绩效最差的因素准则，借以提供改善措施方法以利作出较正确的决策。

一、DEMATEL 简述及相关研究

决策试验与评价实验室法（Decision Making Trial and Evaluation Laboratory，DEMATEL），系由瑞士日内瓦 Battelle 纪念协会（Battelle Memorial Institute of Geneva）于 1971~1976 年发展而成。DEMATEL 的理想及目标，主要为解决科学与人类事务计划（Science and Human Affairs Program）所发展的研究方法，借以帮助收集世界问题并更好地解决世界问题，尤其近几年日本产业界、学术界常用 DEMATEL 方法，因为此方法可有效地了解复杂的因果关系结构，其借由察看元素间两两影响程度，利用矩阵及相关数学理论计算出全体元素之间的因果关系及影响的强度。DEMATEL 具有简化及解决复杂结构性问题的特性，所以议题领域广泛，如"探讨提升 3C 零售业服务质量的关键成功因素"（管孟忠、林心雅、

纪念呈)、"探讨组建项目管理环境的关键成功因素"(管孟忠、纪念呈、林心雅)、"探讨 TTQS 训练质量系统关联性"(管孟忠、黄琼蓉)、"分析管理问题的复杂因果关系"(林宗明)、"探讨企业复杂度"(胡雪琴)、"动态平衡计分卡之研究"(孙晓宇)、"制造业的企业动态平衡计分卡的研究"(李志刚)。

(一)DEMATEL 的基本假设

DEMATEL 法基本假设有 3 个:

(1)明确问题的性质:在形成问题的开始和规划阶段,对研究的问题清楚地知道其是什么性质的,以便正确地设定问题;

(2)明确问题间的关联度:由每个问题元素起始,表示出与其他元素间的关联度;

(3)需了解每个问题元素的本质特性:对每个问题元素,再作相关问题分析后的补充说明(含同意及不同意之观点等)。

而 DEMATEL 则根据客观事务的具体特点,确定各变量间的相互依存与制约关系,因此反映出系统本质的特征及演变趋势。

(二)DEMATEL 运算模式

DEMATEL 运算为五大步骤:

(1)建立直接关系矩阵(Direct Relation Matrix);

(2)建立初始化直接关系矩阵(Initially Direct-relation Matrix);

(3)计算正规化直接关系矩阵(Normalized Direct-influence Matrix);

(4)计算总影响关系矩阵(Total Influence-relation Matrix);

(5)建立网络关联图(Network Relationship Map,NRM)

详细运算步骤与意义如下。

步骤一:建立直接关系矩阵

每位受访者将指标间相互影响性经验通过李克特量表(Likert

Scale）五等级（0：无影响；1：低影响；2：中影响；3：高影响；4：极高影响）转换为指标间直接影响程度，即获得 $n \times n$ 非负值的直接影响矩阵（D），d_{ij} 表示 i 指标影响 j 指标的影响程度，k 为第几位受访者：

$$D = d_{ij}^k \tag{1}$$

步骤二：建立初始化直接关系矩阵

综合每位受访者直接关系矩阵（D），即获得单个 $n \times n$ 非负值初始直接影响矩阵（A），k 为第几位受访者，P 为受访者总数量，d_{ij} 表示 i 指标影响 j 指标的影响程度。

$$a_{ij} = \frac{1}{P} \sum_{k=1}^{P} d_{ij}^k \tag{2}$$

$$A = \begin{bmatrix} a_{11} & \cdots & a_{1j} & \cdots & a_{1n} \\ \vdots & & \vdots & & \vdots \\ a_{i1} & \cdots & a_{ij} & \cdots & a_{in} \\ \vdots & & \vdots & & \vdots \\ a_{n1} & \cdots & a_{nj} & \cdots & a_{nn} \end{bmatrix} \tag{3}$$

步骤三：计算正规化直接关系矩阵

初始直接关系矩阵（A）内指标间影响值，各行列加总并取最大值为正规化基准值为 m，进行正规化动作，即获得正规化后直接关系矩阵（N），其各行列总值介于 0~1，最小为 0，最大为 1。

$$m = \max\left(\max_{1 \leqslant i \leqslant n} \sum_{j=1}^{n} a_{ij}, \max_{1 \leqslant j \leqslant n} \sum_{i=1}^{n} a_{ij}\right) \tag{4}$$

$$N = \frac{A}{m} \tag{5}$$

步骤四：计算总影响关系矩阵

正规化直接关系矩阵（N）内指标间影响程度仅为单次影响，其指标会受到本身/其他的直接性影响与间接性影响，并随着幂次增加影响随之减少，当受到 m 无限次影响将会达到稳定状态，即获得总影响关系矩阵（T），其中 I 为单位矩阵。

$$\begin{aligned} T &= N + N^2 + N^3 + \cdots + N^i, \ k \to \infty, \ N^k = [0]_{n \times n} \\ &= N(I + N + N^2 + \cdots + N^{k-1})(I - N)(I - N)^{-1} \\ &= N(I - N^k)(I - N)^{-1} \\ &= N(I - N)^{-1} \end{aligned} \tag{6}$$

步骤五：建立网络关联图

总影响关系矩阵（T）内指标，行加总为影响程度（r）；列加总为被影响程度（d），$r+d$ 代表指标总影响程度称为中心度（prominence），$r-d$ 代表指标性质及显著程度称为原因度（relation），最后通过二维坐标即获得系统网络关系图。这种将关系量化，可以有效简化因素间关联性的复杂程度（周德群）。

$$r = [r_i]_{n \times 1} = \Big(\sum_{j=1}^{n} t_{ij}\Big)_{n \times 1} \tag{7}$$

$$d = [d_j]'_{1 \times n} = \Big(\sum_{I=1}^{n} t_{ij}\Big)'_{1 \times n} \tag{8}$$

二、应用 DANP 方法计算准则权重

Saaty 于 1996 年将层级分析程序法延伸，提出 ANP，其最大的不同为 AHP 视各准则为独立，ANP 则考虑准则间存在内部相依性及反馈的关系，ANP 为层级分析法的通用形式，亦即 AHP 是 ANP 的特例。实际上，各种准则所合成的评估构面，不仅在同一阶层的准则之间有影响，在不同阶层之间的准则也会互相影响，所以真实情况并不是线性的上下阶层结构，反而比较类似于网络。ANP 目

的在于预测准则、目标或方案间精确的内部关系，透过评估尺度进行成偶比较，得到互相影响的作用后各集群（cluster）、元素（element）的权重。

采用结合 DEMATEL 和 ANP 的方法称为 DANP。DANP 利用 DEMATEL 去确认集群不同的影响程度，更进一步运用 DEMATEL 所获取之总影响关系矩阵隐含"动态重要度影响关系"，将 DEMATEL 的总影响关系矩阵 T 应用在 ANP 的超级矩阵中，以确认影响项目团队发展与管理各准则的影响性与重要性，正满足本研究主题的需求。DANP 的运算步骤说明如下。

步骤一：运用 DEMATEL 法建立评价指标体系影响关系，即系统结构模型。

步骤二：建立未加权矩阵（Unweighted Supermatrix），将 DEMATEL 所获取的准则总重要度影响关系矩阵如式（9）所示，以每层面各准则影响度总合为一正规化。

$$T_C = \begin{array}{c} \\ D_1 \\ \\ \\ \\ D_2 \\ \\ \\ \\ \\ D_3 \end{array} \begin{array}{c} c_{11} \\ c_{12} \\ \vdots \\ c_{1m_1} \\ c_{21} \\ c_{22} \\ \vdots \\ c_{2m_2} \\ c_{n1} \\ c_{n2} \\ c_{nm_n} \end{array} \begin{array}{c} \overset{D_1}{\overset{c_{11}\ldots c_{1m_1}}{}} \quad \overset{D_2}{\overset{c_{21}\ldots c_{2m_2}}{}} \quad \cdots \quad \overset{D_n}{\overset{c_{n1}\ldots c_{nm_n}}{}} \end{array} \begin{bmatrix} T_C^{11} & T_C^{12} & & T_C^{1n} \\ & & \cdots & \\ & & & \\ T_C^{21} & T_C^{22} & & T_C^{2n} \\ & & \cdots & \\ \vdots & \vdots & \ddots & \vdots \\ T_C^{n1} & T_C^{n2} & \cdots & T_C^{nn} \end{bmatrix} \quad (9)$$

将准则总重要度影响关系矩阵 T_C 正规化后得到 T_C^α，如式（10）所示。

$$T_C^\alpha = \begin{array}{c} \\ D_1 \\ \\ \\ D_2 \\ \\ \\ \\ \vdots \\ \\ \end{array} \begin{array}{c} c_{11} \\ c_{12} \\ \vdots \\ c_{1m_1} \\ c_{21} \\ c_{22} \\ \vdots \\ c_{2m_2} \\ c_{n1} \\ c_{n2} \\ \vdots \\ c_{nm_n} \end{array} \begin{bmatrix} \overset{D_1}{\overset{c_{11}\dots c_{1m_1}}{T_C^{\alpha 11}}} & \overset{D_2}{\overset{c_{21}\dots c_{2m_2}}{T_C^{\alpha 12}}} & \cdots & \overset{D_n}{\overset{c_{n1}\dots c_{nm_n}}{T_C^{\alpha 1n}}} \\ & & \cdots & \\ T_C^{\alpha 21} & T_C^{\alpha 22} & & T_C^{\alpha 2n} \\ & & \cdots & \\ \vdots & \vdots & \ddots & \vdots \\ T_C^{\alpha n1} & T_C^{\alpha n2} & \cdots & T_C^{\alpha nn} \end{bmatrix} \quad (10)$$

D_3

其中，正规化获取 $T_C^{\alpha 11}$ 做法如式（11）与式（12）所示，可用前述相同做法获取其他 $T_C^{\alpha nn}$。

$$d_i = \sum_{j=1}^n t_{ij} \quad (11)$$

$$T_C^{\alpha 11} = \begin{bmatrix} t_{c11}^{11}/d_1^{11} & \cdots & t_{c1j}^{11}/d_1^{11} & \cdots & t_{c1n}^{11}/d_1^{11} \\ \vdots & & \vdots & & \vdots \\ t_{ci1}^{11}/d_2^{11} & \cdots & t_{cij}^{11}/d_2^{11} & \cdots & t_{cin}^{11}/d_2^{11} \\ \vdots & & \vdots & & \vdots \\ t_{cn1}^{11}/d_3^{11} & \cdots & t_{cnj}^{11}/d_3^{11} & \cdots & t_{cnn}^{11}/d_3^{11} \end{bmatrix} = \begin{bmatrix} t_{c11}^{\alpha 11} & \cdots & t_{c1j}^{\alpha 11} & \cdots & t_{c1n}^{\alpha 11} \\ \vdots & & \vdots & & \vdots \\ t_{ci1}^{\alpha 11} & \cdots & t_{cij}^{\alpha 11} & \cdots & t_{cin}^{\alpha 11} \\ \vdots & & \vdots & & \vdots \\ t_{cn1}^{\alpha 11} & \cdots & t_{cnj}^{\alpha 11} & \cdots & t_{cnn}^{\alpha 11} \end{bmatrix}$$

（12）

将正规化准则总重要度影响关系矩阵，依集群间之相互依存关系导入，即可求得未加权超级矩阵式（13）。

$$W = \begin{array}{c} \\ D_1 \\ \\ \\ D_2 \\ \\ \\ \vdots \\ \\ D_n \end{array} \begin{array}{c} c_{11} \\ c_{12} \\ \vdots \\ c_{1m_1} \\ c_{21} \\ c_{22} \\ \vdots \\ c_{2m_2} \\ c_{n1} \\ c_{n2} \\ \vdots \\ c_{nm_n} \end{array} \begin{bmatrix} \overset{D_1}{\overset{c_{11}\ldots c_{1m_1}}{W^{11}}} & \overset{D_2}{\overset{c_{21}\ldots c_{2m_2}}{W^{12}}} & \cdots & \overset{D_n}{\overset{c_{n1}\ldots c_{nm_n}}{W^{1n}}} \\ W^{21} & W^{22} & \cdots & W^{2n} \\ \vdots & \vdots & \ddots & \vdots \\ W^{n1} & W^{n2} & \cdots & W^{nn} \end{bmatrix} \quad (13)$$

其中，W^{11} 与 W^{12} 如式（14）所示，若有空白或 0 矩阵，则表示集群或准则之间彼此独立无相依性，其余 W^{nn} 同前述做法获取。

$$W^{11} = \begin{array}{c} \\ c_{11} \\ c_{12} \\ \vdots \\ c_{1m_1} \end{array} \begin{bmatrix} \overset{c_{11}}{t_{c^{11}}^{\alpha 11}} & \overset{c_{12}}{t_{c^{21}}^{\alpha 11}} & \cdots & \overset{c_{1m_1}}{t_{c^{m1}}^{\alpha 11}} \\ t_{c^{12}}^{\alpha 11} & t_{c^{22}}^{\alpha 11} & \cdots & t_{c^{m2}}^{\alpha 11} \\ \vdots & \vdots & \ddots & \vdots \\ t_{c^{1m_1}}^{\alpha 11} & t_{c^{2m_1}}^{\alpha 11} & \cdots & t_{c^{mm_1}}^{\alpha 11} \end{bmatrix} \quad W^{12} = \begin{array}{c} \\ c_{11} \\ c_{12} \\ \vdots \\ c_{1m_1} \end{array} \begin{bmatrix} \overset{c_{21}}{t_{c^{11}}^{\alpha 12}} & \overset{c_{22}}{t_{c^{21}}^{\alpha 12}} & \cdots & \overset{c_{2m_2}}{t_{c^{m1}}^{\alpha 12}} \\ t_{c^{12}}^{\alpha 12} & t_{c^{22}}^{\alpha 12} & \cdots & t_{c^{m2}}^{\alpha 12} \\ \vdots & \vdots & \ddots & \vdots \\ t_{c^{1m_1}}^{\alpha 12} & t_{c^{2m_1}}^{\alpha 12} & \cdots & t_{c^{mm_1}}^{\alpha 12} \end{bmatrix}$$

(14)

步骤三：将构面总重要度影响关系矩阵如式（15）所示，以每层面各构面影响度总合为一正规化，即可获取加权超级矩阵（Weighted Super-matrix）。

$$T_D = \begin{bmatrix} t_D^{11} & \cdots & t_D^{1j} & \cdots & t_D^{1n} \\ \vdots & & \vdots & & \vdots \\ t_D^{i1} & \cdots & t_D^{ij} & \cdots & t_D^{in} \\ \vdots & & \vdots & & \vdots \\ t_D^{n1} & \cdots & t_D^{nj} & \cdots & t_D^{nn} \end{bmatrix} \quad (15)$$

将构面总重要度影响关系矩阵 T_D 正规化后得到 T_D^α,结果如式(16)所示。

$$T_D^\alpha = \begin{bmatrix} t_D^{11}/d_1 & \cdots & t_D^{1j}/d_1 & \cdots & t_D^{1n}/d_1 \\ \vdots & & \vdots & & \vdots \\ t_D^{i1}/d_2 & \cdots & t_D^{ij}/d_2 & \cdots & t_D^{in}/d_2 \\ \vdots & & \vdots & & \vdots \\ t_D^{n1}/d_3 & \cdots & t_D^{nj}/d_3 & \cdots & t_D^{nn}/d_3 \end{bmatrix} = \begin{bmatrix} t_D^{\alpha 11} & \cdots & t_D^{\alpha 1j} & \cdots & t_D^{\alpha 1n} \\ \vdots & & \vdots & & \vdots \\ t_D^{\alpha i1} & \cdots & t_D^{\alpha ij} & \cdots & t_D^{\alpha in} \\ \vdots & & \vdots & & \vdots \\ t_D^{\alpha n1} & \cdots & t_D^{\alpha nj} & \cdots & t_D^{\alpha nn} \end{bmatrix}$$

(16)

将正规化后的构面总重要度影响关系矩阵 T_D^α 导入未加权超级矩阵,获得加权超级矩阵,如式(17)所示。

$$W = \begin{bmatrix} t_D^{\alpha 11} \times W^{11} & t_D^{\alpha 21} \times W^{12} & \cdots & \cdots & t_D^{\alpha n1} \times W^{1n} \\ t_D^{\alpha 12} \times W^{21} & t_D^{\alpha 22} \times W^{22} & \vdots & & \vdots \\ \vdots & \cdots & t_D^{\alpha ji} \times W^{ij} & \cdots & t_D^{\alpha ni} \times W^{ni} \\ \vdots & & & \vdots & \vdots \\ t_D^{\alpha 1n} \times W^{n1} & t_D^{\alpha 2n} \times W^{n2} & \cdots & \cdots & t_D^{\alpha nn} \times W^{nn} \end{bmatrix}$$

(17)

步骤四:为获取极限超级化矩阵(Limit Super-matrix),将加权超级矩阵多次相乘后得到极限超级化矩阵,即可求得各评估准则的权重。$\lim_{m \to \infty} = W^m$,其中 W 为极限化超级矩阵,m 表任意数,即可求得各评估准则的权重。

三、应用 VIKOR 方法评选最佳方案

MCDM 中的 VIKOR 为 Opricovic 所提出，目的是能以妥协（compromise）的概念解决评估准则间相互竞争问题的多方案排序方法，以各方案与理想解（Positive-ideal solution）的接近程度作为排序方案的依据，越接近理想解则表示该方案越佳；反之，越接近非理想解（Negative-ideal solution）则表示该方案越差。

VIKOR 的计算过程分为 3 个步骤。

步骤一： 为确认理想解与非理想解，确认各评估准则中的最佳与最差数值，以利后续计算各方案与理想解及非理想解的差距，可由式（18）与式（19）求得。其中 f_i^* 为 i 准则的理想解（自订各评价准则的渴望水平），f_i^- 为 i 准则的非理想解（自订各评价准则的最差水平），如某方案在所有准则都获得理想解，表示此方案在所有准则皆得到最佳绩效，即达到渴望水平（aspired level）；反之，则是最差水平（the worst level）。

$$f_i^* = \max_j f_{ij}, j = 1, 2, \cdots, n \text{ 或设定 } f_i^* = (f_1^*, f_2^*, \cdots, f_i^*) \tag{18}$$

$$f_i^- = \min_j f_{ij}, j = 1, 2, \cdots, n \text{ 或设定 } f_i^- = (f_1^-, f_2^-, \cdots, f_i^-) \tag{19}$$

步骤二： 为距离计算，利用式（17）与式（18）计算各方案与各准则之距离。其中 S_j 为第 j 方案与理想解距离比率，R_j 为第 j 方案与非理想解距离比率，w_i 为本书利用网络程序分析法所获得之准则相对权重值，f_{ij} 则是通过问卷回收求得知各准则绩效。

$$S_k = \sum_{i=1}^n w_i(f_i^* - f_{ik})/(f_i^* - f_i^-) \tag{20}$$

$$R_k = \max_i \left[(f_i^* - f_{ik})/(f_i^* - f_i^-) \right] \tag{21}$$

步骤三：为获取综合指标并获得排序结果，利用式（19）求得综合指标 Q_j，Q_j 越接近 0 表示越靠近理想解，因此可作为排序方案的依据。其中 $S^* = \min_k S_k$，$S^- = \max_k S_k$，$R^* = \min_k R_k$，$R^- = \max_k R_k$，$\min_k S_k$ 所得之值代表最大群体效用（The maximum group utility），而 $\max_k R_k$ 所得之值代表最小个别遗憾。v 代表策略权重，当 v 值越大，则越多人偏向多数人赞同，反之则偏向最小反对声浪，一般 $v=0.5$，可视需要调整。

$$Q_k = v(S_k - S^*)/(S^- - S^*) + (1-v)(R_k - R^*)/(R^- - R^*) \tag{22}$$

第三节 实证分析

一、协同创新发展因素影响网络关联研究

研究采用混合式多评准决策方法，对个案公司进行实证分析。个案公司属于中小企业，是一个已经有 47 年历史的具有研发能力的成熟期组织。首先，由个案公司的受访人员认同企业内部协同创新指标体系如表 2-1 所示。接着使用 DEMATEL 的问卷收集数据并计算出影响关系矩阵，以建立个案公司的企业内部协同创新评估各个构面及准则之间的影响关系，再以 DNAP 建立各因素准则的影响权重值，最后应用 VIKOR（折中排序法）评估绩效找出绩效最差的因素准则，借以对个案公司提供改善措施方法以利于其作出较正确的决策。

（一）企业内部协同创新评价指标体系构面关系分析

企业内部协同创新的绩效体现在协同创新技术的价值性、独特性、难模仿性、延展性。根据图 2-1 企业内部协同创新评价指标体系构面关系可得知构面 D5"协同创新技术"为企业内部相关因

素有效协同累积下的结果，因此为企业内部创新构面体系内的最终被影响源；而 D2 "协同创新文化"为主要之总影响源，企业协同创新文化为一企业长期累积之价值观，因此企业整体之构面 D1 "协同创新策略"、D4 "协同创新制度"、D3 "协同创新组织"、D5 "创新协同技术"，都会在企业之 D2 "协同创新文化"的潜移

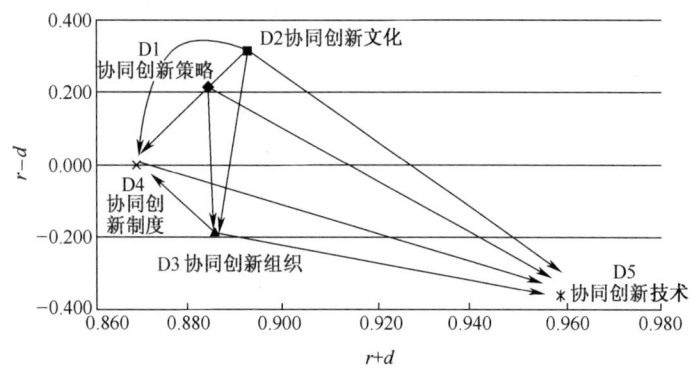

图 2-1 企业内部协同创新评价指标体系构面之影响网络关系图

默化之下深深地被影响，因此企业如有完善的 D2 "协同创新文化"则能使企业内部的创新有较佳的成果。

（二）企业内部协同创新评价体系各构面之准则影响关系分析

企业协同创新策略程度影响协同创新绩效。从图 2-2 的策略构面之影响网络关系得知，准则 C1 "创新策略的相关性"是总影响源，影响准则 C2 "创新策略的适应性"及最终被影响源 C3 "资源共享的程度"。协同创新策略体现了企业在制定策略、配置资源时，从大局出发，充分考虑不同创新项目部门的特点与需求，使各部门策略相互协调并与企业总体策略相一致。协同创新策略程度越高，影响协同创新绩效水平就越高。企业在制定创新策略时，也应该应充分重视协同策略的重要性，要将不同部门的分项策略有效结合起来并与企业的总体策略相一致。

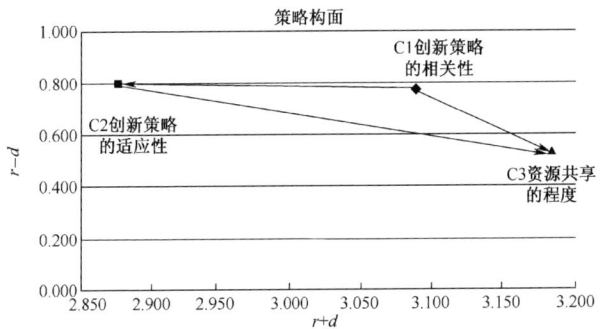

图 2-2　构面协同创新策略之影响网络关联图

从文化构面来看协同创新，图 2-3 的文化构面之准则影响网络关联图得知，C4 "企业文化的开放程度" 是总影响源，影响了 C5 "宽容程度" 及 C6 "合作氛围"，而 C7 "资源共享" 是总被影响源。换言之，企业文化的开放与宽容程度会影响协同创新的绩效。开放的企业文化能够吸引拥有不同知识、技能的团队成员参与企业的创新项目，并可克服部门之间的背景障碍将不同团队及成员有效融通起来，发挥他们各自的特长，而宽容的企业文化则可容忍创新的失败，并千方百计地鼓励人们发挥聪明才智进行创新活动，对创新绩效的提高具有积极的影响。

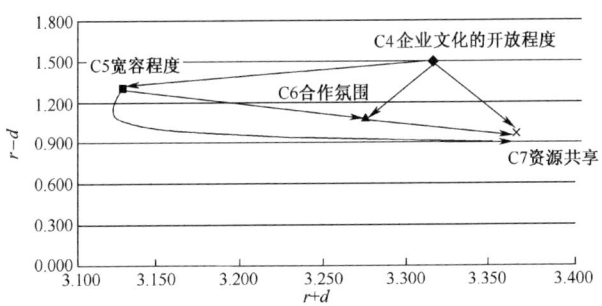

图 2-3　协同创新文化之准则影响网络关联图

接着，我们从图2-4得知，C8"组织结构的扁平化"是总影响源，对C9"组织结构的灵活性"和C10"非正式沟通管道"造成影响，进而影响最终被影响源C11"部门间的有效联结"。实际上，组织结构的扁平与协调程度会影响企业内部的协同创新绩效。因为，组织结构的扁平化有助于信息的快速上传下达，并降低了因官僚产生的沟通成本，同时也对部门之间的有效协调提出了挑战，组织结构的扁平化更需要横向部门之间的沟通合作顺畅。由于协同创新的复杂性日益增强，传统的职能式组织结构已不能适应发展的需求，基于创新过程的非线性特征，网络型或矩阵型组织结构开始被企业管理者所关注，成为"创新型组织"结构的发展方向。

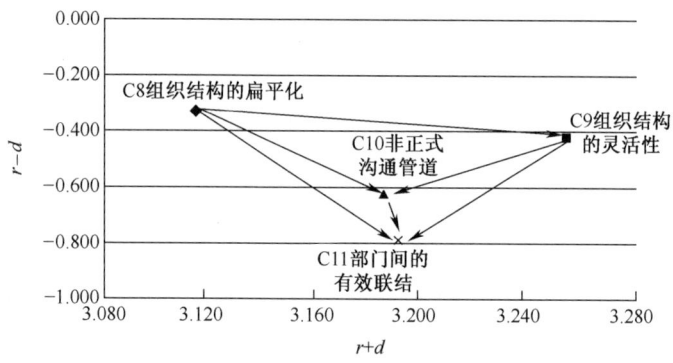

图2-4　协同创新组织之准则影响网络关联图

再从制度构面的影响网络关联图来看，图2-5呈现准则C12"制度设置的激励性"是总影响源，会影响C13"制度设置的协调性"及C14"企业家的创业精神"。企业组织中的激励与协调机制制度的合理设置安排会影响协同创新的绩效。因为，协同创新的本质也就是在组织内部通过自主组织建制形成协调的创新机制，这种机制可以激励人们自觉地、积极地从事协同创新活动。因此，激励与协调机制的构建是协同机制构建的重要工作之一，对协同创新绩效具有显著的影响。企业在创新过程中，在制度安排方面应加强这两方面工作的建设,造就良好的制度环境,进而激发出创新项目团队成员的企业家的创业精神。

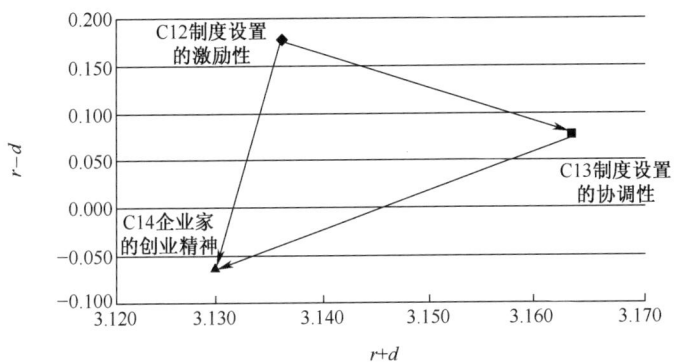

图 2-5　协同创新制度之准则影响关联图

最后,我们探讨协同创新的成果。从图 2-6 的构面 D5 "协同创新技术"之影响网络关联图得知,准则 C16 "独特性"是主要影响源,会影响其他协同创新的成果,准则 C15 "价值性"是最终被影响源。协同创新技术的核心程度会影响协同创新的绩效。企业若拥有核心技术就可以此技术为平台,创造更多的相关产品占领市场,并在一定时期内获得垄断利润。企业内部门之间也会由于核心技术的存在而突破部门壁垒,围绕此核心技术展开全方位的合作。因此,核心技术的存在与强化可以提高创新的协同程度,从而提高企业的创新协同绩效。然而,再从图 2-1 的协同创新系统结构模型得知,核心技术或协同创新的成果是最终被影响源,所以企业的高层管理者有责任将其他构面相关的协同创新机制或环境建置完善,才能让各部门间的各协同创新团队及其成员,发挥协同创新的能力,产生协同创新的综效。

二、协同创新准则的相对影响权重

研究应用 DANP 计算企业内部协同创新各准则的相对重要性

商业模式创新的未来——基于科技成果商业化的视角

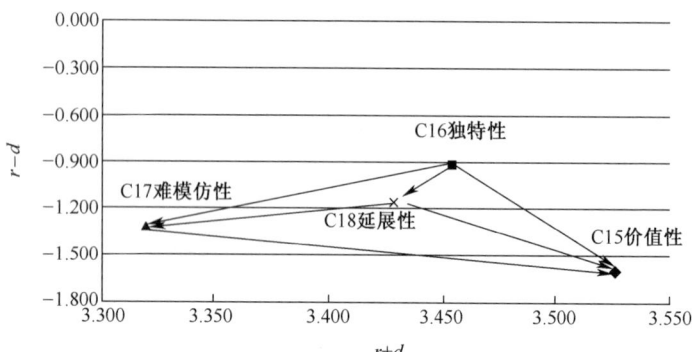

图 2-6 协同创新技术之影响网络关联图

或相对影响权重。结果如表 2-2 所示。

表 2-2 企业内部协同创新各准则的相对影响权重

	准则层级权重	构面层级权重	排序	系统总体权重	系统总体排序
C1	0.049	0.146	4	0.007	13
C2	0.042			0.006	14
C3	0.055			0.008	12
C4	0.031	0.134	5	0.004	17
C5	0.030			0.004	18
C6	0.035			0.005	16
C7	0.038			0.005	15
C8	0.054	0.232	2	0.013	8
C9	0.057			0.013	7
C10	0.059			0.014	6
C11	0.062			0.014	5
C12	0.061	0.189	3	0.011	11
C13	0.063			0.012	10
C14	0.065			0.012	9
C15	0.083	0.299	1	0.025	1
C16	0.069			0.021	4
C17	0.074			0.022	2
C18	0.073			0.022	3

三、企业内部协同创新的自我评估绩效雷达图

本研究应用VIKOR计算企业内部协同创新各准则的绩效。其绩效雷达图如图2-7所示。从图2-7看出,实证公司的协同创新中,C17"难模仿性"的绩效较差,所以,从图2-6的影响关系,组织应该从提高技术的"独特性"之绩效进行改善。接着,从图2-1模型可以思考如何改善创新策略规划及创新新组织,整体提升创新技术的绩效。

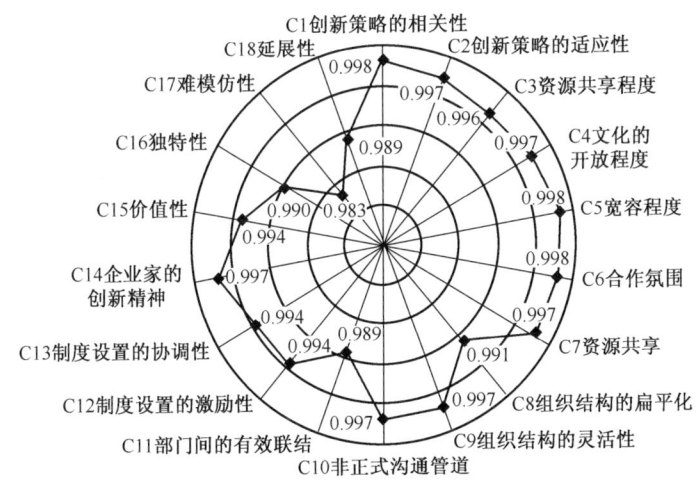

图2-7 企业内部创新协同评价指标体系雷达图

本章节初探企业内部协同创新的本质内涵及组织建制过程,利用文献探讨及专家问卷确定创新协同机制形成的关键影响因素,以此为基础建立了协同创新评估指标体系,并利用混合式多评准决策及实证分析验证了这些关键影响因素的影响网络关系结构模型。具体来说,协同创新是在组织内部创新影响要素的非线性相互作用下的一项创新组织设计过程,其目的是形成协同的创新机制,使创新

成为组织的自组织管理行为。

创新型企业的协同创新机制的主要影响因素包括创新策略、创新文化、创新组织、创新制度和创新技术五个影响协同创新的构面。企业创新策略的协同程度（一致性），企业创新文化的开放与宽容程度，创新组织结构的扁平与协调程度，激励与协调机制之创新制度的合理安排，创新技术的核心程度与创新协同绩效之间都存在着影响关系。当然，在后续研究中，这5个构面18个影响要素之间的相互影响关联和作用应作进一步的探讨；同时，创新作为一个动态持续过程，在将来研究中，应对调查企业运营情况进行跟踪测试，以扩展本书的研究结论，并为深入揭示企业内部协同创新的动力与演化机制提供持续改善策略及实施方案。

第四节　科技成果转化营销模式创新

科技成果作为一种特殊的商品也需要进行营销，只有采取适当的营销策略和模式，才能变被动为主动，提高科技成果的市场化率，因此，有必要将市场营销的理论和方法应用到科技成果转化工作中来，建立起适合我国科研院所和高校的科技成果转化模式的方法和理论。

同时，以市场为导向来加强科技成果转化工作已经成为国家的大方向，有必要着眼于科技成果转化的内在要求和外部环境的变化，从科技成果转化是一项系统工程的角度出发，在科技成果形成、科技成果转移和科技成果使用的三个阶段都做到步步有调研、步步有设计、步步有创新。

本节将通过解析科技成果市场化营销的概念，探析其与商业模式关系，在列举现有科技成果转化市场化营销模式的基础上，厘清商业模式创新在推动科技成果转化中的作用，以期发现创新的科技成果转化商业模式，提高科技成果的市场化率，从而提高科技成转化效率。

一、科技成果转化与市场营销关系

（一）科技成果商品属性

科技成果转化为现实的生产力日益成为生产力中最活跃的因素和推动力量。在经济全球化的时代背景下，各国之间的经济竞争和科技竞争实质就是科技成果转化的规模与速度的竞争。但是我国的科技成果转化率很低，我国现阶段科技成果转化和产业化率低的原因很多，以往的研究大多集中在以下几个方面：科研人员的科研成果转换意识不强，造成科技成果在研发之前就存在与市场脱节的问题；企业创新意识不足，对科技成果转化缺乏主动性；科技成果转化的社会支撑体系发展不健全；科技成果转化的法律法规有待完善等。

1985年颁布的《中共中央关于科技体制改革的决定》中明确提出"开放技术市场，实行科技成果商品化"，实现了我国科技体制改革的重大突破。随着对科技成果商品属性认识的不断深入，在技术市场性质方面，人们逐渐达成共识：和普通的市场一样，科技市场是为了促进技术成果的交易和流通。因此，必须从商品的角度来认识科技成果，既然是商品，那就需要营销，也就是说科研单位在进行科研立项时，要进行市场调研，进行前景预测，建立自己的客户群，明确技术成果的销售渠道，加强客户关系管理，重视客户的信息反馈，等等。所有这些努力都是为实现科技成果市场化服务的。因此，本书提出的科技成果转化市场化营销理念，包括如下三点：①科技成果是可以在市场上交易的商品；②科技成果也需要营销；③科研单位要运用市场营销理论和方法指导自己的科研行为。

（二）科技成果转化市场化营销

随着对科技成果商品属性认识的不断深入，科技成果同样需要营销也已成为共识。也就是说科研单位在进行科研立项时，要进行市场调研、前景预测、明确客户群；在科技成果转移阶段要畅通销售管道；在科技成果使用阶段要重视客户关系管理、客户的信息回馈，等等。所有这些努力都是为实现科技成果转化服务的，也就是科技成果转化营销活动的组成部分。从上面对科技成果转化的定义及科技成果转化过程的分析，科技成果转化是一个联系的、动态的、由许多环节组成的复杂的社会系统工程，并且在此过程中，商业模式的创新对于科技成果转化尤为重要，作为商业模式重要实施手段的营销贯穿于科技成果转化的全过程。基于此，将科技成果转化营销模式创新定义为"在科技成果形成阶段、科技成果转移阶段及科技成果使用阶段对于促进科技成果转化而进行的一系列营销模式创新活动"。

（三）营销在商业模式中的重要地位和作用

市场营销学的产生与发展同商品经济的发展、企业经营哲学的演变密切相关。有关市场营销含义主要有以下几种观点：第一，营销活动贯穿于企业活动的全过程。市场营销不是企业某一方面的活动，而是贯穿于企业经营活动的全过程；也不只是营销部门的事情，而是整个企业的事情。第二，市场营销活动的核心是交换，但其范围不仅限于商品交换的流通过程，而且包括产前和产后的活动。第三，市场营销与推销、销售的含义不同。市场营销包括市场研究、产品开发、定价、促销、服务等一系列经营活动。而推销、销售仅是企业营销活动的一个环节或部分，是市场营销的职能之一，不是最重要的职能。

从以上观点可以看出，大家对于营销和销售或者推销的概念的区别还是很清晰的。营销是高于销售或者推销活动的更高层次的设计活动，它贯穿于企业活动的全过程，从产品研发到其价值实现的全过程，在具体销售行为前后都有体现。它包含从产品研发阶段的市场调研、产品设计开发到大规模生产等一系列活动，也包含买卖行为后的售后服务、商品满意度调查等活动。

从企业活动的全流程性特征角度分析,营销活动贯穿于以价值为核心的商业模式的始终("为了促成交易,获得交易利益,而围绕价值创造、价值转移以及为取得交易价值而进行的系统设计")。营销是商业模式实施的重要手段。

二、我国现有的科技成果转化、市场化主要模式

我国科技成果的转化方式主要可以归纳为"自办实体"和"科技成果市场化"两种模式。可以说科技成果的转化问题从本质上是要解决科技成果市场化、商业化的问题,解决"供给"和"需求"之间信息不对称的问题。

(一)科技成果市场化的展会式营销模式

在新产品、新技术层出不穷的今天,许多有利于生产发展的产品与技术是通过展览的宣传和介绍而被社会所接受,展会已成为当今世界科技成果市场化的有效途径。现代展会活动开展的一个重要目的,就是使供需双方充分地实现信息交流。以科博会、高交会为代表的科技展会作为各种高科技信息的汇集中心,是很好的科技成果信息交流平台。在展会中,参展的企业可以及时、准确、低成本地获取本行业科技发展的最新动态、科技成果最新的市场行情,然后,根据这些信息,实施恰当的市场营销策略和科技创新策略。

在许多展会的现场,科技成果最集中的地方也就是交流洽谈最热烈的地方。展会为科技成果提供展示的平台和交流洽谈的场所,最终目的是为科技成果的转化提供一个有效的平台,使科技成果转化为实际生产力,也就是达成实际的交易。科研院所将自己的科研成果在展会中进行展示,和众多的厂商面对面地进行交流协商,促进了科研成果向生产力的过渡。

科技成果展会式市场化营销模式的弊端是买卖双方在交易之前或之后缺乏有效的沟通,会有一部分科技产品因为与客户要求不一致而不能很快市场化。

(二）科技成果市场化的订购式营销模式

订购营销是指商品生产者为了满足消费者的不同消费需求，根据消费者自己的需要向科技工作者提出特定的要求，从而争取更多的消费群体的一种营销方式。从科技成果市场化角度来看，之所以存在转化率低的问题，很大程度上是由于研发的科技成果不被企业或市场所接受。如果能够采用订购的方式进行科研立项，研究机构就会有固定的销售对象，这种科技成果也更接近市场，更容易被消费者接受，实现市场化的难度就会降低。同时，订购技术成果的多少反映了科研院所的目标、技术水平被企业和市场接受的程度。订购越多说明接受程度越高，就会带来更多的订购，从而形成科技成果市场化的良性循环。

订购模式也存在缺点，主要是要求科研院所和高校具有强大的科研实力和灵活的科研管理，因为企业或个人订购的技术成果往往是一种全新的产品，这就存在创新失败的可能，一旦创新失败就要承担相应的风险。

（三）科技成果市场化"产学研"结合模式

现代意义上的"产学研结合"诞生于20世纪50年代美国的斯坦福大学，它是高校、企业和科研机构联合起来共同从事科学研究、产品开发和人才培养的一种活动模式，称"特曼式大学"。它是由原斯坦福大学教授、工程学院院长、堪称"硅谷之父"的特曼所主张并成功实践的模式。特曼首先提出了科研界与产业界结成伙伴关系的创意。知识经济时代的到来使得经济与科技的相互渗透和融合日益高涨，产学研合作的营销模式对于促进科研成果的转化和推广，以科技引导和支撑我国经济健康、加速发展具有重要作用。

狭义的"产学研"是指产业界、高校和科研院所三方本着优势互补、互利互惠、共同发展的原则所进行的合作与交流。从广义上来看是指科研界与产业界为了共同实现创新目标而形成的合作交流关系。产业内的大企业和具有技术优势的科研院所、高校实施强强联合，形成有利于科技成果市场化的联合体是这一营销模式的核心内涵。这种模式具有合作伙伴固定，彼此之间相互熟悉的特点，有利于知识在参与者之间的交流和共享。这种模式特别适合研发周期长、投资巨大、技术水平要求高的科技成果的市场化。由于这种模式涉及企业、研究院和高校三方，它们之间的权益公平问题就成为合作成功与否的关键。

（四）科技成果市场化三维营销模式

"三维是指营销的三项维度。营销维度是组成营销的基本因素。"❶在实践中这"三维"可以有不同的表现形式。

当代市场营销出现了许多新情况，过去市场经营者往往是通过能够为顾客提供质优的产品以及其他一些特色的功能利益而获得成功的。如今，仅仅这些是远远不够的，原因是这种功能利益非常容易被效仿。因此，当今的市场营销人员急需寻求新的途径，使自己的产品与服务与众不同。麦肯锡咨询公司的专家们经分析指出：功能利益、流程利益以及关系利益是市场营销的三个支点，构成了当代市场营销的三大诀窍。

"所谓功能利益是指企业所提供的产品与服务中所包含的基本功能，即能为顾客带来什么样的享受或取代部分劳动并蕴含在产品中的一些东西。所谓流程利益是指各种使买卖双方的交易变得更为简单、快捷、便利、经济的交易流程和交易措施。所谓关系利益是指对那些愿意透露自身情况、显示他们购买行为的顾客给予回报。"❷对于科技成果市场化而言，功能利益主要指该项技术成果具有什么功能，是否是市场上迫切需要的商品。科研院所要建立自

---

❶ 多普菲. 演化经济学：纲领与范围 [M]. 贾根良，刘辉锋，崔学锋，译. 北京：高等教育出版社，2005：128.

❷ 范忠. 论三维市场营销 [J]. 中国市场，2006（45）.

己的市场情报部门，加强情报收集工作，充分了解技术在满足市场需要时需要改进的方向；也可以像企业生产产品时一样，找到专门的市场调研机构，为即将立项的科研项目作专门的市场调研。

企业作为科研单位的顾客，在购买该项技术成果时，会考虑是否足够便利和经济。科研单位要充分地宣传自己的技术成果，并且建立市场部门接受企业的咨询，为企业提供量身定做的技术交易方案，使企业购买技术成果更加便捷。能否听取技术成果使用单位的意见，用自己的知识优势为企业解决生产中的实际困难，其核心是客户关系治理。科研院所要破除国家事业单位的传统旧观念，主动和产业界增强联系，了解企业的需求，帮助企业解决技术困难，以企业的需求为重要立项依据。

（五）科技成果股权、产品众筹新兴市场化模式

1. 股权众筹

随着互联网金融的兴起，近年来，通过互联网金融平台的产品众筹或者股权众筹成为实现科技创新、科技成果转化的重要力量。股权众筹是指公司向普通投资者出让一定比例的股份，投资者通过出资入股公司，获得未来收益。在互联网技术的发展推动下，这种基于互联网渠道而进行融资的模式现在正处于初步发展时期，并逐步得到社会大众的认同，发展势头强劲。

股权众筹自2011年开始进入我国，2012年淘宝"美微会员卡在线直营店"众募式试水，4天众筹了80万元，在网络上引起了巨大的争议。2013年诞生第一例股权众筹案例。2014年11月李克强总理在国务院常务会议上明确鼓励股权众筹发展政策导向。截至2015年7月，全国共计133家股权众筹平台，成功募集54亿元资金，有力推动了一批新兴技术和产业的发展。

2. 产品众筹

产品众筹是指投资人将资金投给筹款人用以开发某种产品（或服务），待该产品（或服务）开始对外销售或已经具备对外销

售的条件的情况下，筹款人按照约定将开发的产品（或服务）无偿或低于成本提供给投资人的一种众筹方式。

产品众筹的商业逻辑有效地建立起了以客户为中心的服务性思维，并颠覆原有传统价值链观念，将客户作为产业活动的第一个环节，然后转向完全针对客户的需求来设计产品，关注客户的需求和关心的问题，从客户端到商务端的信息反馈发现可能的产品设计方案，力争用这些方案来最大限度地满足目标客户的需求并有效地解决客户所关心的问题。之后通过与目标客户的多次信息交流和往来逐步把握住目标客户还不能清晰阐述的潜在需求，有针对性地逐步修改新产品设计，一直到这些还处在纸面上的产品被客户完全接受，并在产品生产前愿意为这些仅仅还在图纸上的新产品预先支付购买的款项为止。

以产品或者股权众筹的方式筹集资金，或者通过产品众筹的方式征集产品设计方案，从营销学的角度看做到了以客户需求为中心，并且分担了产品研究市场方向不明确、技术成果转化资金不足、企业或者科研工作者无力独自承担科技成果转化风险等问题。

1950年，尼尔·鲍顿提出了"市场营销组合"概念，他强调将营销中的各种要素组合起来的重要性。我国现有的科技成果市场化的"三维营销模式"是一种系统化了的营销方式，它通过对各种营销工具和手段的系统化结合，根据环境进行即时性动态修正，以使交换双方在交互中实现价值增值。"整合营销"以市场为调节方式，以价值为联系方式，以互动为行为方式，是动态复杂环境的有效选择。直销的发展是建立在多维营销基础上的，它克服了单一营销模式的弱点，吸纳了多种市场营销模式的优点。如果能将直销这种营销模式运用到科技成果市场化中，将大大提高科技成果的转化率。

科技成果转化的复杂性要求营销模式进行创新，营销模式要符合科技成果转化的特点与规律。三维式营销是符合科技成果转化的一种优化的营销模式。它满足了科技成果转化利益链条的三项维度：功能利益、流程利益以及关系利益。对于科技成果市场化而言，功能利益主要指该项技术成果具有很强的创新和差异化功能。产品众筹平台的出现为市场营销人员开辟了新的途径，使自己的产品与服务与众不同。科技成果三维市场化营销模式，与前几种科技成果市场化营销模式相比具有一定的优势。科技成果市场化营销模式具有灵活性和适时性，并不是一成不变的，而且现代营销越来越注重多维度、多视角的营销策略。所以，科研院所和高校要因时制宜地采取不同的营销模式的组合，提高本单位科技成果的市场化率。

三、建立基于营销学的科技成果转化绩效评估系统

根据前面对于科技成果转化市场化营销的定义——"在科技成果形成阶段、科技成果转移阶段及科技成果使用阶段对于促进科技成果转化而进行的一系列营销模式活动"，并结合营销活动贯穿于企业活动的全流程性特征，构建以价值链为核心的科技成果转化营销模式创新结构模型。

（一）评价体系结构模型的建构

1. 建构的原则

（1）系统性原则。按照科技成果转化三阶段划分方法，分别在科技成果形成阶段、科技成果转移阶段及科技成果使用阶段，建立相应的指标来反映各个阶段营销模式创新因素及特点。在此基础上建立起来的指标体系不只是指标的简单堆积，而是分为多个层次，而且各个层次间又相互联系。

（2）可操作性原则。理论上讲，完全可以设计出一个理想的、逻辑自洽的评价指标体系，来全面而且完整地反映各地区科技成果转化情况。但在实际过程中，往往会遇到诸如资料难以准确统计和收集、定性指标过于主观、统计资料来源不稳定等一些难以操作的

情况。因此,在设计指标体系时,一定要具有可操作性。主要包括三个方面的内容:一是资料的可获得性,资料要尽可能通过查阅官方统计资料或年鉴获得,对于无法直接采集到资料的理想指标,可以采取用指标替代等办法加以解决;二是资料可量化,定量指标资料要保证其真实、可靠和有效,而定性指标或经验指标尽量少用;三是评价指标体系不宜过分复杂,选用的指标要简洁明了,综合性强,重点突出。

(3)可比性原则。建立科技成果转化营销模式评价指标体系结构模型的目的在于进行对标和比较。因此,在设置评价指标时,必须考虑设置的统计指标具有可比性,要选用各地区、各企业具有共性的指标,最大限度地利用和开发现有统计系统发布的统计资料,并且要明确各指标的含义和统计口径,确保评价结果能够进行标杆比较。

2. 评价指标体系初步设计

表2-3列出了科技成果转化营销模式创新评价指标体系的结构模型。

表2-3 科技成果转化营销模式创新评价指标体系的结构模型

目标层	构面层	评价一级指标	评价二级指标
科技成果转化营销模式创新评价指标体系	科技成果形成阶段	研发前调研情况	有无市场环境调查
			有无政策环境调查
			有无产品调查
			有无消费者调查
		科技成果情况	专利数量占研究报告数量比例
			专利数量占普通学术期刊论文比例
			专利数量占核心期刊论文比例
			专利数量占国内会议论文比例
			专利数量占国际会议论文比例

续表

目标层	构面层	评价一级指标	评价二级指标
科技成果转化营销模式创新评价指标体系	科技成果形成阶段	科技成果情况	国际授权专利数量占授权专利总数比例
			国内标准制定数量
			国际标准制定数量
			新产品数量占授权专利总数比例
	科技成果转移阶段	营销资源情况	营销专项资金占新产品投入比
			硕士学位以上营销人员占总营销人员比例
			有无对营销人员按绩效奖励制度
		营销模式状况	是否进入技术市场
			是否被技术转移办公室选中
			是否进入拍卖会
			是否进行新闻发布会
			是否进入风险投资市场
			是否进入展销会
			是否进行电子营销
			是否进行整合营销
		营销效益情况	采用新营销模式后销售收入增长率
			营销投入资金占总资金投入百分比
	科技成果使用阶段	客户满意度调查	是否进行电子邮件调查
			是否进行电话调查
		售后服务管理	是否有产品使用跟踪服务
			是否有客户联谊会
			是否有新产品推荐
			是否有新需求调查

此外，从项目管理的角度来看，组织的每一个科技成果转化作业或活动都是一个项目。在整个项目生命周期中，组织或项目实施团队的项目管理能力也会影响科技成果转化的绩效。所以本研究确定了如表2-4所示的科技成果转化营销模式创新能力评价指标体系。

表2-4 科技成果转化营销模式创新能力评价指标体系

体系	构面	准则	说明
科技成果转化营销模式创新评价指标体系	D1 科技成果形成	C1 研发前调研能力	进行市场和政策环境调查、产品调查、消费者调查等，调研结果的准确性、可用性、及时性
		C2 科技成果创造能力	国内外专利授权数量、国际授权专利数量及新产品数量
		C3 科技成果引领能力	国内外标准制定数量及获得许可之国内、国际标准的数量
	D2 科技成果转移	C4 营销资源管理能力	营销专项投入资金及资源管理，专业营销人员素质及营销管理和绩效奖励制度
		C5 营销模式应用能力	应用整合营销经技术转移办公室并进入技术市场及营销风险管理的能力
		C6 营销效率与效益	采用新营销模式后销售速度及收益，包括相关效益的提升
	D3 科技成果使用	C7 客户满意度调查能力	进行电子邮件调查、电话调查、访问和工作坊之结果的有效分析及准确性
		C8 售后服务管理能力	产品使用跟踪服务、客户联谊会、新产品推荐、新需求调查组织管理能力
		C9 顾客关系管理能力	建立客户关系系统，并维持与客户长期互利关系的能力

续表

体系	构面	准则	说明
科技成果转化营销模式创新评价指标体系	D4 策略项目管理	C10 营销策略管理能力	科技成果转化组织高层的策略发展能力及对项目实施团队的承诺
		C11 营销项目组合管理能力	整体策略下多重科技成果转化营销项目的组织项目组合管理能力
		C12 营销项目管理能力	科技成果转化项目团队应用整合营销方法营销成果转化项目的管理能力

（二）混合式多评准决策方法论的应用

采用混合式多评准决策方法，使用 DEMATEL 来建立企业内部协同创新评估各个构面及准则之间的影响关系，再以 DANP 建立各因素准则的影响权重值，最后应用 VIKOR（折中排序法）评估绩效找出绩效最差的因素准则，借以提供改善措施方法以利作出较正确的决策。

（三）实证分析

实证分析主要在针对问卷调查所获得的各项资料进行统计以及分析。本研究结果共分为以下几个部分加以叙述。

1. 营销学的科技成果转化绩效评价系统影响关系分析

（1）实证数据

将所回收到的问卷数据按照本章第二节的公式予以计算，可以求得准则层级和构面层级的总影响关系矩阵，分别如表 2-5 及表 2-6 所示，而营销学的科技成果转化绩效评价系统影响关联程度数据则如表 2-7 所示。

表 2-5 准则层级总影响关系矩阵表

准则层级	C1	C2	C3	C4	C5	C6	C7	C8	C9	C10	C11	C12
C1	0.11	0.17	0.22	0.27	0.25	0.27	0.33	0.32	0.31	0.19	0.22	0.21
C2	0.12	0.10	0.21	0.24	0.25	0.26	0.30	0.30	0.28	0.18	0.22	0.20
C3	0.15	0.15	0.11	0.25	0.24	0.25	0.31	0.29	0.29	0.18	0.21	0.21
C4	0.11	0.08	0.10	0.10	0.14	0.13	0.21	0.19	0.20	0.10	0.12	0.11
C5	0.12	0.11	0.12	0.22	0.12	0.21	0.25	0.24	0.24	0.12	0.17	0.13
C6	0.12	0.12	0.12	0.20	0.14	0.12	0.23	0.23	0.22	0.11	0.14	0.14
C7	0.08	0.08	0.09	0.10	0.12	0.10	0.10	0.13	0.13	0.08	0.09	0.08
C8	0.08	0.07	0.09	0.08	0.10	0.11	0.17	0.09	0.11	0.07	0.11	0.08
C9	0.10	0.08	0.10	0.12	0.12	0.13	0.20	0.18	0.10	0.09	0.10	0.09
C10	0.11	0.11	0.13	0.21	0.22	0.22	0.27	0.26	0.25	0.09	0.19	0.18
C11	0.11	0.12	0.11	0.21	0.22	0.21	0.25	0.27	0.24	0.12	0.11	0.12
C12	0.14	0.12	0.14	0.22	0.22	0.25	0.28	0.26	0.25	0.14	0.19	0.11

表 2-6 构面层级总影响关系矩阵表

构面层级	D1	D2	D3	D4
D1	0.15	0.25	0.30	0.20
D2	0.11	0.15	0.22	0.13
D3	0.08	0.11	0.13	0.09
D4	0.12	0.22	0.26	0.14

表 2-7 营销学的科技成果转化绩效评价系统影响关联程度数据

构面层级	R	D	$R+D$	$R-D$	准则层级	r	d	$r+d$	$r-d$
D1	0.91	0.47	1.38	0.45	C11	2.88	1.35	4.23	1.53
					C12	2.67	1.31	3.98	1.36
					C13	2.66	1.55	4.21	1.11
D2	0.61	0.74	1.35	-0.12	C21	1.60	2.24	3.85	-0.64
					C22	2.04	2.15	4.20	-0.11
					C23	1.88	2.28	4.16	-0.40
D3	0.42	0.92	1.34	-0.51	C31	1.18	2.83	4.01	-1.65
					C32	1.15	2.72	3.87	-1.57
					C33	1.42	2.64	4.06	-1.22
D4	0.74	0.56	1.30	0.18	C41	2.24	1.53	3.77	0.71
					C42	2.09	1.90	4.00	0.19
					C43	2.32	1.69	4.01	0.64

注：影响度（r）为因素影响性程度，被影响度（d）为因素被影响性程度，中心度（$r+d$）为因素关联性程度，原因度（$r-d$）为因素影响显著性程度。

（2）构面层影响关系分析

将表 2-5 与表 2-6 得到的结果，进一步绘制成图 2-8 所示的构面关联性图，图中以 $R+D$（X 轴）代表构面之间的关系程度；以 $R-D$（Y 轴）代表构面之间的影响程度，若 $R-D>0$ 则表示该构面为影响因素，$R-D<0$ 则表示该构面为被影响因素。经由图 2-8 比较各构面之间的影响关联性可以得知，营销学的科技成果转化绩效评价系统的构面影响度以构面 D1"科技成果形成"对其他构面的影响最大，其次为构面 D4"策略项目管理"，而构面 D2"科技成果转移"和构面 D3"科技成果使用"则为被影响因素。

而营销学的科技成果转化绩效评价系统来说，如果要提升构面 D3"科技成果使用"的能力，在三个影响构面 D3"科技成果使用"的构面中，以构面 D1"科技成果形成"与构面 D4"策略项目管理"的影响程度较高,其中构面 D1"科技成果形成"的影响程度又高于 D4"策略项目管理"。因此,若要提升构面 D3"科技成果使用"的能力,应该以提升构面 D1"科技成果形成"为最佳选择,进而去影响构面 D4"策略项目管理"与构面 D2"科技成果转移",最后达成提升构面 D3"科技成果使用"能力的目的。

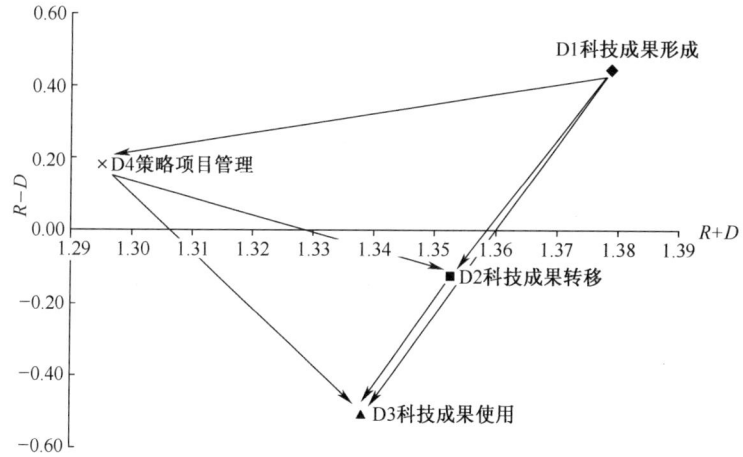

图 2-8 营销学的科技成果转化绩效评价系统——构面关联性图

如果要进行改善构面 D1"科技成果形成",则以直接进行改善为主,并可以同时获得影响其他三个构面——构面 D4"策略项目管理"、构面 D2"科技成果转移"与构面 D3"科技成果使用"的效果。

若要提升构面 D4"策略项目管理"的能力,应改善构面 D1"科技成果形成"为最佳选择,并可同时达到提升构面 D2"科技成果转移"与构面 D3"科技成果使用"的效用。

如果要提升构面 D2"科技成果转移",因为构面 D1"科技成果形成"与构面 D4"策略项目管理"均为构面 D2"科技成果形成"的影响构面,但其中构面 D1"科技成果形成"的影响程度高于构面 D4"策略项目管理",因此应改善构面 D1"科技成果形成",如此一来可以同时收到提升构面 D4 "策略项目管理"与构面 D2 "科技成果转移"的效用。

由此可知,在营销学的科技成果转化绩效评价系统中,由提升科技成果形成,进而影响其他三个构面为最佳的选择方案。

(3) 准则层级影响关系分析

接着使用相同的方法来探讨各构面的准则关联性,以得知若要改善各个构面需要从哪些准则着手,以下依序讨论之。

由表 2-8 可以绘制出图 2-9 所示的构面 D1 "科技成果形成"的准则关系图,其中 $r+d$(X 轴)代表各准则之间的关系程度;$r-d$(Y 轴)代表各准则之间之影响程度,$r-d>0$ 表示准则为影响因素,$r-d<0$ 则表示准则为被影响因素。

表 2-8 构面 D1 "科技成果形成"的准则影响度

准则	r	d	$r+d$	$r-d$
C11 研发前调研能力	2.88	1.35	4.23	1.53
C12 科技成果创造能力	2.67	1.31	3.98	1.36
C13 科技成果引领能力	2.66	1.55	4.21	1.11

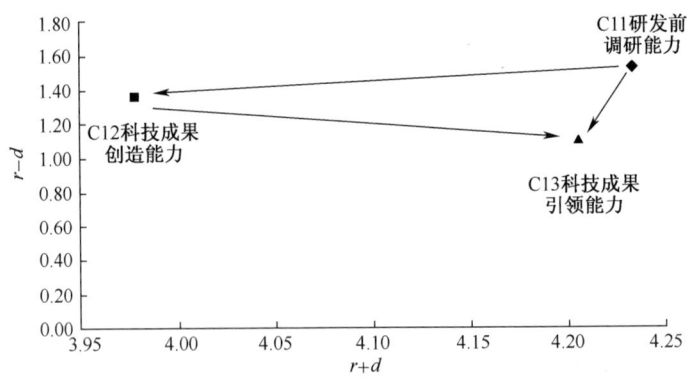

图 2-9 构面 D1 "科技成果形成"的准则关系图

经由图 2-9 比较各准则之间的关联性可以得知，构面 D1 "科技成果形成"的准则影响度以准则 C11 "研发前调研能力"对其他准则影响程度最大，其次为准则 C12 "科技成果创造能力"而准则 C13 "科技成果引领能力"则为被影响因素。

我们经由上面的叙述可以得知，在营销学的科技成果转化绩效评价系统的科技成果形成能力构面中，准则 C13 "科技成果引领能力"是需要被提升的能力。但若欲提升这项能力，需要从准则 C11 "研发前调研能力"与准则 C12 "科技成果创造能力"着手。但建议提升准则 C11 "研发前调研能力"，因为此举可以一并提升准则 C12 "科技成果创造能力"以及准则 C13 "科技成果引领能力"。

由表 2-9 可绘制出构面 D2 "科技成果转移"的准则关系图，如图 2-10 所示。

表 2-9 构面 D2 "科技成果转移"的准则影响度

准　　则	r	d	$r+d$	$r-d$
C21 营销资源管理能力	1.60	2.24	3.85	-0.64
C22 营销模式应用能力	2.04	2.15	4.20	-0.11
C23 营销效率与效益	1.88	2.28	4.16	-0.40

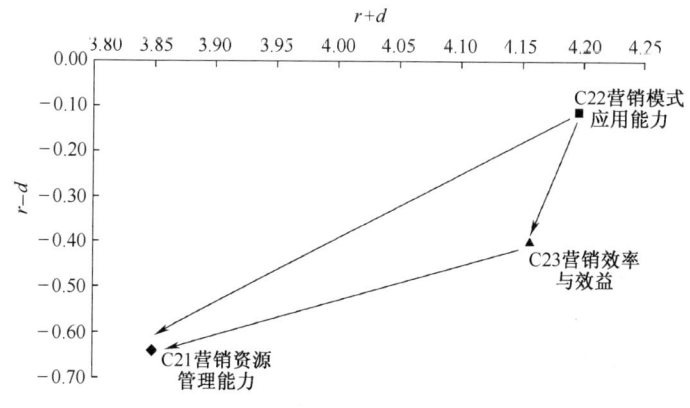

图 2-10 构面 D2 "科技成果转移"的准则关系图

经由图2-10比较各准则之间的关联性可以得知，科技成果转移构面中以准则C22"营销模式应用能力"与准则C23"营销效率与效益"对准则C21"营销资源管理能力"的影响程度最大，由此可以发现在科技成果转移构面中以提升准则C22"营销模式应用能力"为主要选择。由于提升准则C22"营销模式应用能力"可以提升准则C23"营销效率与效益"以及准则C21"营销资源管理能力"，因此如何提升准则C22"营销模式应用能力"成为主要课题。

由表2-10可绘制出构面D3"科技成果使用"的准则关系图，如图2-11所示。

表2-10 构面D3"科技成果使用"的准则影响度

准则	r	d	$r+d$	$r-d$
C31 客户满意度调查能力	1.18	2.83	4.01	-1.65
C32 售后服务管理能力	1.15	2.72	3.87	-1.57
C33 客户关系管理能力	1.42	2.64	4.06	-1.22

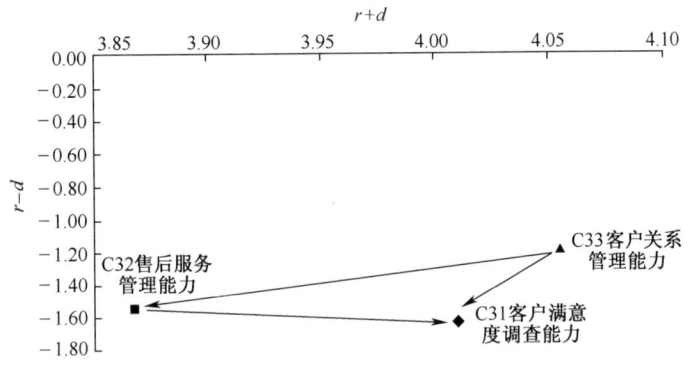

图2-11 构面D3"科技成果使用"的准则关系图

经由图2-11比较各准则之间的关联性可以得知，准则C33"客户关系管理能力"对其他准则的影响程度为最大，其次为准则

C32 "售后服务管理能力",而准则 C31 "客户满意度调查能力"则为被影响因素。

我们由图 2-11 可以发现,在营销学的科技成果转化绩效评价系统的科技成果使用构面中,准则 C31 "客户满意度调查能力"被认为是最需要被提升的能力。若要改善该准则的话,必须从准则 C33 "客户关系管理能力"上着手,并借由客户关系管理能力来提升售后服务管理能力,因此建议以改善准则 C33 "客户关系管理能力"为首要考量。

由表 2-11 可以绘制出构面 D4 "策略项目管理"的准则关系图,如表 2-12 所示。

表 2-11 构面 D4 "策略项目管理"的准则影响度

准 则	r	d	$r+d$	$r-d$
C41 营销策略管理能力	2.24	1.53	3.77	0.71
C42 营销项目组合管理能力	2.09	1.90	4.00	0.19
C43 营销项目管理能力	2.32	1.69	4.01	0.64

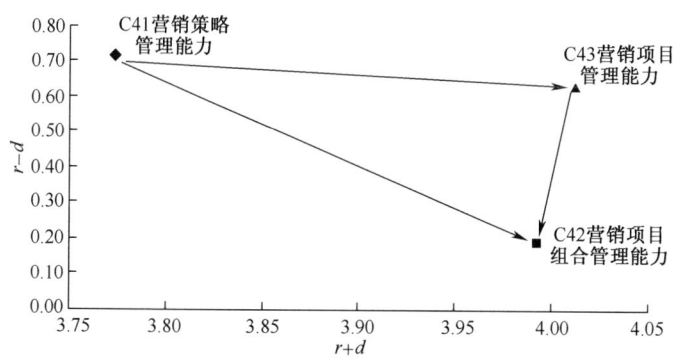

图 2-12 构面 D4 "策略项目管理"的准则关系图

影响度以准则 C41 "营销策略管理能力,对其他准则影响为最高,其次为准则 C43"营销项目管理能力",而准则 C42"营销项目组合管理能力"则为被影响因素。

因此,我们可以发现,在营销学的科技成果转化绩效评价系统的策略项目管理构面当中,准则 C42"营销项目组合管理能力"被认为是最需要被提升的能力。我们可以从图表中得知准则 C41"营销策略管理能力"是优先需要被提升的能力,从营销策略管理能力方面着手,并借此改善营销项目管理能力以及营销项目组合管理能力。

2. 营销学的科技成果转化绩效评价系统影响权重分析

(1) 实证数据

在得出各个构面及准则影响关联图之后,本研究接着进行 DANP 的运算步骤,以确认营销学的科技成果转化绩效评价系统准则的影响性与重要性。将 DEMATEL 所获取的总影响关系矩阵(T),通过 DANP 运算公式可建立未加权超级矩阵,再将其权重特征矢量正规化,然后进行多次相乘之后,便得到极限化的超级矩阵,进而得到各构面以及准则的权重值。将其结果整理如表 2-12 所示,可说明营销学的科技成果转化绩效评价系统中各构面以及构面中各准则的重要性程度。

表 2-12　营销学的科技成果转化绩效评价系统影响重要性程度

构面层级	构面层级	构面层级权重	排序	准则层级	准则层级权重	排序	系统整体权重	排序
营销学的科技成果转化	绩效评价系统			C11	0.331	2	0.060	11
		D1	0.181	4	C12	0.308	3	0.056	12
				C13	0.360	1	0.065	9
				C21	0.332	2	0.090	5
		D2	0.271	2	C22	0.327	3	0.089	6
				C23	0.340	1	0.092	4

续表

构面层级	构面层级权重	排序	准则层级	准则层级权重	排序	系统整体权重	排序
营销学的科技成果转化绩效评价系统							
D3	0.336	1	C31	0.351	1	0.118	1
			C32	0.330	2	0.111	2
			C33	0.319	3	0.107	3
D4	0.212	3	C41	0.302	3	0.064	10
			C42	0.372	1	0.079	7
			C43	0.326	2	0.069	8

注：层级权重之总量为1，整体权重之总量为1。

（2）影响权重分析

从系统整体的权重来看，在营销学的科技成果转化绩效评价系统中，最受重视的评估准则是C31"客户满意度调查能力"，其重视程度为0.118，显示科技成果转化应该要具备良好的客户满意度调查能力，经由完善的客户满意度调查，来提升完整的科技成果转化。其次是准则C32"售后服务管理能力"以及准则C33"顾客关系管理能力"，其重视程度分别为0.111以及0.107，也就是说科技成果转化除了提供转化的服务以外，还需要建立售后服务管理系统以及顾客关系管理系统，让科技成果转化的对象感受到良好的科技成果使用的经验。而相对于其他准则来说，准则C12"科技成果发展能力"的重视程度较低，其重视程度为0.056。

从构面的观点来看，专家在构面D1"科技成果形成"中较重视的评估准则为C13"科技成果转化能力"；在构面D2"科技成果转移"中较重视的评估准则为C23"营销效率与效益"，但其排名与准则C21"营销资源管理能力"差异不大；在构面D3"科技成果使用"中较重视的评估准则为C31"客户满意度调查能力"；在构面D4"策略项目管理"中较重视的评估准则为C42"营销项目组合管理能力"。

在构面的权重上，专家认为构面D3"科技成果使用"是营销学的科技成果转化绩效评价系统中最重要的考虑因素；此外，虽然构面D1"科技成果形成"得到的重视度较低，但这并不代表该构面不重要，只是相较于其他构面，其整体的重视程度较低而已。

（四）小结与建议

1. 加强对科技成果转化营销模式研究

早在1939年，约瑟夫·熊彼特就指出："价格和产出的竞争并不重要，重要的是来自新商业、新技术、新供应源和新的公司商业模式的竞争。"当今，苹果手机、小米手机、腾讯、Facebook及京东商城的成功有力地证明了熊彼特的观点。现在企业竞争已从产品、价格、服务、文化等方面的竞争上升到商业模式竞争阶段。企业需要将有形的与无形的、内部的与外部的资源和信息整合到一个商业模式中来实现创新目的。商业模式创新研究已经很多，但是对于商业模式重要组成要素的营销模式创新的研究却很少。要想加快科技成果转化步伐，加强对科技成果转化营销模式的研究迫在眉睫，建议科研项目管理部门和企业加强这方面的研究。

2. 制定鼓励科技成果转化营销模式创新的政策

美国最先对商业模式创新通过授予专利等形式对商业模式创新给予积极的鼓励与保护。如今，不仅是美国公司，越来越多的外国公司，如日本、法国、德国、英国、加拿大、瑞典等国的公司，也已经在美国为它们的商业方法创新申请了专利。营销模式是商业模式的核心手段与实现形式，通过授予专利等形式来给予鼓励与保护具有重要意义。

3. 将科技成果营销模式创新作为指导科技成果转化的政策工具

科技成果转化营销模式创新评价指标体系从营销学的角度来评价科技成果转化能力状况，结合标杆管理法的管理理念，可以作为科研管理单位监测科研项目成果转化的有效工具。应充分发挥科技成果转化营销模式创新标杆企业、科研院所的模范带头作用，营造科技成果转化营销模式创新对标、比、超的良好创新氛围。

第三章　分销与直销商业模式下的科技成果转化

科技成果转化成为现实生产力具有阶段性、高风险性和环境依存性等特点,是涉及技术创新、人才供给、金融投资、产业准入等众多主体参与的一项复杂系统经济活动,是从技术层面运作向商业经济层面运作的过程。从科技成果转化营销模式创新视角分析,直销商业模式是工业时代以来以分销商业模式为主经济模式下的创新营销模式。研究分析直销商业模式下科技成果转化状况,可以为科技成果资本化、产业化提供新思路。

第一节　分销商业模式与科技成果转化

一、分销型商业模式

（一）分销渠道❶

1. 分销渠道定义

社会化大生产情况下,由于受时间、地理条件的限制,消费者不可能直接到厂家购买产品,分销应运而生。它的任务是在适当的时间,把适当的产品送到适当的地点,以方便消费者的购买。分销渠道的产生是经济发展到一定阶段,现代商品流通的重要组织形式。对于分销渠道的定义,界内人士仁者见仁、智者见智,有多种

---

❶ 王铁明．分销渠道变革中的渠道冲突及协调研究［D］.武汉：华中科技大学,2005.

不同的看法。

20世纪80年代后期，国外有关营销渠道的论述逐渐增多。David Perry提出把营销渠道演化为市场分销概念，并将分销发展历程分为大量市场分销（20世纪50年代至60年代初）、细分市场分销（20世纪70年代后至80年代初）、子细分市场分销（20世纪70年代后至80年代初）、矩阵分销（20世纪80年代后至90年代初）等几个阶段。

一般学者认为营销渠道是促使产品或服务顺利地被使用或消费的一整套相互依存的组织。而生产者为了将自己的产品卖给最终用户，需要直接出售给用户或凭借各种执行不同功能和具有不同名称的营销中间机构，这些中间机构组成了分销渠道，也称贸易渠道或营销渠道。

美国市场营销协会（AMA）的定义委员会在1960年给分销渠道下的定义是："企业内部和外部的代理商和经销商（批发和零售）的组织机构，通过这些组织，商品（产品和劳务）才得以上市行销"。

美国著名营销专家菲利普·科特勒（Phiilp Kotler）认为"分销渠道是使产品或服务能被使用或消费而配合起来的一系列相对独立的组织的集合"，"一条分销渠道是指某种货物或劳务从生产者向消费者移动时，取得这种货物和劳务的所有权或帮助转移其所有权的所有企业和个人"。

我国学者卜妙金将分销渠道定义为：促使产品（或服务）能顺利地经由市场交换过程，转移给消费者（或用户）消费使用的一整套相互依存的组织。分销渠道通过其组织成员的协调运作，产生形式效用、所有权效用、时间效用和地点效用，为最终使用者创造价值。

2. 分销渠道特征

卜妙金认为分销渠道具有如下几点特征：①分销渠道反映某一

特定产品（或服务）价值实现全过程所经由的整个通道。其一端连接生产，另一端连接消费，是该产品从生产者到消费者（或用户）的完整的流通过程。②分销渠道是一群相互依存的组织和个人的集合。这些组织（或个人）为了产品实现商品价值发挥各自营销功能，结成共生伙伴关系。③分销渠道包含若干购销环节。产品通过或多或少的购销环节转移其所有权，流向消费者。在特定条件下，生产者可将产品直接销售或租赁给消费者（或用户），一次转移产品所有权或使用权。这时，分销渠道最短。④分销渠道是一个多功能系统。它不仅可以在适当的地点，以适当的质量、数量和价格供应产品和服务以满足需求，而且可以通过渠道成员展开促销活动以刺激需求。

另外，有学者认为分销渠道是使产品或服务能被使用或者消费而配合起来的一系列独立组织的集合体。该集合体有以下三个特征：①渠道中成员的目标包括集体目标和个体目标；②渠道功能分工决定了渠道成员之间相互依赖；③实现集体目标过程中需要协调渠道中成员的行为。而分销渠道本质上是一种社会组织类型，它具有社会组织的特征，即组织中的个体间存在着认同，也存在着冲突对抗。并且分销渠道具有调研、促销、寻求、编配、洽谈、物流、财务、风险管理等多种功能。由这些功能，分销渠道有九种广义的渠道流程：实物流、所有权流、促销流、订货流、支付流、洽谈流、财务流、风险流和信息流。这些流程将所有的渠道成员贯穿联系起来。实物流、所有权流和促销流是前向流程，是产品（或服务）从生产者到消费者（或用户）的流向；订货流、支付流是后向流程，分别由渠道中的后一成员流向前一成员，即在渠道中依次从制造商流向批发商、零售商和顾客；洽谈流、财务流、风险流和信息流则是双向流程，发生在渠道每两个交易成员相互之间。

3. 分销渠道结构

众多学者对分销渠道的结构进行了研究，提出了以下几种划分渠道结构的形式。

（1）通常按分销渠道包含的中间商购销环节，把渠道划分为零级渠道、一级渠道、二级和三级渠道（卜妙金）。其中零级渠道是制造商将产品直接销售给消费者，没有中间商参与转手；一级渠道指包含一级中间商的渠道类型；二级渠道包含两级中间商的渠道类型；三级渠道指包含三级中介结构的渠道类型。

（2）把渠道划分为直接渠道、间接渠道、短渠道、长渠道。其中，直接渠道指没有中间商参与，产品由生产者直接销售给消费者的渠道类型；间接渠道是指有一级或多级中间商参与，产品经由一个或多个商业环节销售给消费者的渠道类型。显然，上述零级渠道即为直接渠道，一级渠道、二级渠道、三级渠道即为间接渠道。有些学者将间接渠道中的一级渠道定义为短渠道，而将二、三级渠道称为长渠道。

（3）根据渠道每一层级使用同类型中间商的多少，可把渠道划分为宽渠道和窄渠道结构。若制造商选择较多的同类中间商经销其产品，则这种产品的分销渠道称为宽渠道；反之，则为窄渠道。

（二）分销渠道发展历程

最早的商品分销经济模式表现为小区域范围内的就地摆摊设点、推车售货的个体经营商业模式。随着科技的发展，工业经济时代流水线作业大规模生产成为主流，大量产品的分销成为企业发展核心。1852年，在法国巴黎，被称为百货商场之父的阿里斯蒂德·布西科创办了世界第一家百货商场，开启了商品分销渠道创新的重要一幕。

国外分销渠道发展历程大概经历了以下四个阶段。第一阶段：工业化初期至19世纪50年代。在这一阶段，主要靠商人的亲缘关系和有限的信用关系而形成的营销渠道。第二阶段：19世纪60年代至20世纪20年代，出现了现代商业企业组织形式，产生了许多新型的分销网络成员，但这些成员所构成的分销渠道不是很稳定，它们之间缺乏应有的合作和联系。第三阶段：20世纪30年代至50年代，产生了"生产厂商—批发商—零售商—消费者"的分销过程。第四阶段：从"二战"后至今。商品分销渠道获得迅速发展，形成了垂直渠道系统和水平渠道系统。

（三）互联网环境下分销结构新变革

产能过剩是经济危机的重要表现形式，创新产品的营销模式成为历经每次经济危机的重要"收获和补偿"。例如，1929~1933年的世界经济危机诱发和促进了超级市场和连锁百货营销渠道的发展，1980年美国经济危机催生了以沃尔玛为代表的折扣店，1997年东南亚金融危机后的1999年诞生了现在在零售业界影响巨大的阿里巴巴网络电商平台。我国自2013年经济发展速度开始放缓、产业结构亟须调整变换，在此境况下，以互联网为载体的微商、跨境电商等新兴营销模式兴起。但是，就当前零售业整体情况看，仍以实体店的分销模式为主。

1. 分销渠道实体店结构功能变革

实体店中百货商场模式有三种发展趋势。一是逐渐过渡成为小型购物中心。其不仅是消费者一站式的生活消费核心，还是满足现代生活的各类餐饮、商业、健身、娱乐、休闲等生活服务设施齐全的中心。其相比传统百货商场，更容易刺激消费，满足消费者需要。二是多种业态共同发展。即在原有的百货业态基础上引入其他业态进行整合与创新，其主要形式仍然是百货业态，目标是实现各个业态之间的科学组合与优势互补，使得商品配置富有特色，在经营活动中相互协同，持续发展。三是与其他产业融合。目前，政府正推进零售业与其他产业的融合，零售业与餐饮、娱乐、旅游业相融合是未来必然出现的新趋势。

在百货商场、连锁经营、专卖店、超市等传统商业经营模式下，商品从制造厂家到最终的消费者，至少需要通过两个层次以上的分销过程，即经销商、零售店，经销商还可以分为一级和二级，在每个流通环节商品的价格都会有所提高。所以，零售商的进货途径决定了价格高低。

商品流通环节多少直接影响产品从出厂到被销售的周期。企业在产品设计、原料采购、仓储运输、订单处理、批发经营、终端零售这六个环节的掌控力在一定程度上决定了企业竞争力。在保持最少商品库存量的同时还有持续不断的市场需求，是企业发展追求的最佳状态。

2. 零级渠道、直接渠道蓄势待发

21世纪互联网作为信息技术发展的应用基础，使信息的交换与处理变得异常简单与方便，而且成本越来越低廉。生产者与消费者在互联网上直接沟通与交易成为一种轻而易举的事。在分销渠道结构中一直处于重要地位的批发商与零售商等中间商机构，面临着生存危机。主要缘由是中间商在渠道中的正面效应（降低交易成本、提高交易效率）正在削弱，而其负面效应（如产生渠道矛盾、增加消费者价格负担等）却在扩大。摆脱中间商的控制，成为生产商们和消费者的共同期望。为了实现这样的愿望，厂商以多种方式扩大企业的规模，增强企业的实力，以此达到摆脱中间商或扩大渠道控制力的目的。面对严峻形势要求，传统渠道中间商要对原有的组织体制进行全面的改革。改革方向就是通过股份制改造扩大现有企业的规模，提高市场集中度，通过规模化经营达到降低渠道成本、提高渠道效率、重振新时期渠道中间商作用的目的。因此，新型中间商与传统中间商的区别就在于传统中间商直接参与生产者与消费者之间的交易活动，是交易的轴心；而未来的新型中间商将减少或不一定直接参与生产者与消费者之间的交易活动。它可能只是为整个交易提供信息传递、实物配送、货币支付的交易平台，提高渠道交易的最终效率。

当今互联网、云平台与云计算、大数据分析以及移动互联技术的发展，为新型中间商发展提供了提高渠道交易效率的技术基础。

网上购物平台的出现，使得商品流通环节在逐步减少；云计算与大数据分析技术的发展使得商品生产者可以更快速、精准地掌握潜在客户数量与实际需求情况，使得生产活动计划更为具体细化，订制化生产、零库存、"零级渠道、直接渠道"已经初见端倪、蓄势待发。这不仅在一定程度上减缓总体产能过剩状况，同时有可能成为未来避免发生经济危机的主流商业营销模式。

二、科技成果应用与分销型商业模式

零售业在销售各式各样看似没太多科技含量商品的同时，其在自身运营过程中在新技术、新产品以及新服务推广应用方面也作用明显。沃尔玛早在1983年就斥资4亿美元发射了自己的独立商用卫星，用于物流配送车辆的定位和跟踪，以及全球门店商品和销售的管理。近期又在中国尝试推广无纸化检查及记录系统，作为加强日常食品安全检查和温度控制的新科技。该系统通过手持移动终端不但能定时提醒员工对热熟食、冷藏食品的储藏温度进行测温或进行其他安全检查，避免员工操作中出现的疏忽漏检现象，更将测量数据或检查情况实时上传至中央服务器。

此外，这两年广受关注的射频识别（RFID）技术、物联网技术、自助收银、电子价签等在零售业都有不少应用案例。近日网上火爆的商场虚拟试衣间创新成果可以将真人试穿效果投射到显示屏，一分钟内可试穿60件衣服，改善和提高了大家试衣体验；电子价签可以实时快速更改价格信息，并显示商品的更多描述；停车场智能导航可以方便顾客找到空的停车位和自己车辆的停放车位；还有音乐、灯光技术的变革使得一个商场不同区块可以听到不同的音乐，让卖场和商品更充满活力。[①]

---

① 王跃林. 联商评论：不玩科技的百货不是好商场 [EB/OL]. (2014-09-15). http：//m.linkshop.com/news/show.aspx？id=300959&from=web.

第二节 直销商业模式的兴起

一、直销的概念与分类

(一) 直销的概念

对于直销（Direct Selling）的定义，不同的国家和地区在法律和学术界分别有不同的表述，国际上一般公认的是世界直销协会联盟（World Federation of Direct Selling Association，WFDSA）的定义。世界直销协会联盟是1973年世界上9个国家直销公司代表倡议发起成立的全球性直销行业组织。1979年，在21个国家直销协会参加的第三届世界直销大会上，正式定名为"世界直销协会联盟"。目前，世界直销协会联盟成员包括52个国家和地区的直销协会及欧洲直销协会，总部设在美国华盛顿，秘书处由美国直销协会担任。会员国通过反复地研究磋商，制定了《世界直销商德约法》。它们认为："直销是以面对面的方式，直接将产品及服务销售给消费者，销售地点通常是在消费者或他人家中、工作场所，或者其他有别于固定性零售商店的地点。"[1] 按现代经济理论的理解，直销实际上是将产品的部分利润从代理商、分销商、广告商处转移给直销员的一种经营形式。直销能有效地缩短通路、贴近顾客，将产品快速送到顾客手中，加快资本运作。直销同时也能更好地将顾客的意见、需求迅速反馈回企业，有助于企业战略的调整和战术的转换，因此直销也才能够迅速崛起成为现代营销的新锐。

2001年11月11日签署的《中华人民共和国加入世界贸易组织议定书》中，中国向美国、欧盟等谈判方承诺对无固定地点的批发或零售服务在中国加入世界贸易组织后3年内，取消市场准入

---

[1] 刘金章. 直销学概论 [M]. 南京：东南大学出版社，2006：2.

限制和国民待遇限制，中国与世界贸易组织成员磋商并制定符合中国具体国情的关于无固定地点销售的法规。2005年是我国政府实现这一承诺的最后一年，国务院颁布了《直销管理条例》和《禁止传销条例》，分别于2005年12月1日和11月1日起开始施行。《直销管理条例》中，首次对直销作了明确的界定："直销是指直销企业招募直销员，由直销员在固定营业场所之外直接向最终消费者推销产品的经销方式。"我国政府对直销的内涵的界定与西方国家有一个相同点，就是直销相对于传统的销售形式有两个特征：一个是没有固定的销售地点，另一个是面对面的人员销售。不同点是我国对直销的法律内涵中规定中国直销企业要"招募直销员"，这就强调了中国直销企业的责任，这也为规范我国的直销提供了企业组织方面的保证机制。

（二）直销的分类

其实，上文对于直销的定义是狭义上的直销。广义上，根据直销过程中有无面对面的销售人员与顾客的沟通，直销可以分为人员直销和非人员直销，人员直销又可以分为单层次直销和多层次直销，非人员直销可以分为直效营销（Direct Marketing）和自动销售（自动售货机销售）。直效营销包括购货目录营销、邮购营销、电话营销、传媒（电视、杂志、报纸）营销、展示营销以及当今的网络营销。

直销分类中非人员直销的"直效营销"起源于美国，它以1872年蒙哥马利·华尔德创办第一家邮购商店为代表。现在"直效营销"几乎遍及全球所有市场经济成熟和发达国家。人员直销中的单层次直销是指直销商直接从生产厂家拿货卖给消费者。多层次直销（Multilevel Marketing）制度是直销业中很重要的一种行销手法，又称为"网络行销"（Network Marketing）、"结构行销"（Structure Marketing）或"多层次直销"（Multilevel Direct Selling）。此制度运行已有好多年，已证明是能够成功而有效地将产品与服务直接销售给消费者、并使独立销售人员或直销商获得利润的方法。

对多层次直销进行解释的最佳方法是分析多层次直销企业的奖金制度。在多层次直销企业中直销人员有两种取得奖金的基本方法：第一，直销人员可以通过销售产品及服务给消费者而获得零售奖金；第二，他们可以自直属下线的销售额或购买额中赚取佣金，也可自直属下线之再下线组织的总销售额中赚取佣金。因此，多层次直销提供直销人员独立创业的机会，不但销售产品及服务给消费者，也发展及训练下线组织从事直销事业。❶

二、直销与传销的区别

直销刚进入中国的时候叫"传销"，由于当时许多企业不规范经营，给社会造成了不好的影响，后来改"传销"为"直销"了。政府禁止的"非法传销"实际上是金字塔式的销售。金字塔式销售（Pyramid Selling）是一种骗局。其架构为：由所谓某"投资"或"买卖交易"推广组织，利用几何级数的方式，赚取加入这些组织的新成员所缴交的费用，借以牟利致富。这些组织的奖励资金来自增加新会员及其投资，而非来自销售和配售真实的商品给实际使用或消费这些商品的人而赚取的利润。

世界直销协会联盟秘书长、美国直销协会主席 Neil Offen 博士指出，多层次直销更多的是讲一个薪酬计划的概念，即直销企业的推销员不仅可以通过自己的销售额计酬，也可以通过其推荐的其他人员，以及其他人员层层向下推荐的人员所积累的总销售额来计酬。从定义出发，Offen 博士深入解释了直销和传销的区别。他指出：首先，要警惕那些收取入门费的直销公司，因为加入合法的直销公司是不需要做任何投资的；其次，要警惕那些通过拉人头的方式来计酬的公司，因为合法的直销公司是通过销售额来计酬的。他

---

❶ 凌云．如何做直销［M］．北京：机械工业出版社，2006．

同时指出，无论从直销员的数量还是营业额，亚洲都是非常重要的市场，直销行业的趋势和主流是多层次直销。❶是否依托于商品销售，是直销有别于"金字塔式销售"、非法集资等非法金融行为的本质特征。

第三节 直销商业模式的发展轨迹

一、早期直销

早在公元前2000年，巴比伦《汉谟拉比法典》就有条例保护巴比伦直销商的一般权利，同时也要求他们诚信经商，法典还保障了商人销售商品应该获得相应报酬的权利。到了公元5世纪时，直销销售渠道呈现多样化。有的直接在街道上销售商品，有的在摊位或者商店中出售，还有的跟着军队辗转迁徙于各个地方。他们四处赶集，参加规模巨大的庆祝活动，平时则从一个村庄销售到另外一个村庄。10世纪以后，世界经济迅速发展。商业机会大大增加，而直销市场化营销也更加发达。中世纪（从古代到文艺复兴，公元476~1453年）的西欧直销商为10~13世纪的商业革命做好了厚实铺垫。此时，公路建设持续发展，许多新奇的小商品经由直销商从大城市销往小城市。直销商销售的毛料衣服、女帽、铜戒指、顶针以及便签等物品一度成为法国人竞相购买的时尚物品。神话中常常有直销商的角色，比如神话中的英雄尤利西斯就曾乔装为商人，将精美的饰品挂在手臂上售卖，国王的女儿"被商人背包中的东西深深吸引住了"。由此推断，西欧直销的出现比美国足足早了3000年。18世纪到19世纪，当移民逐渐迁移到美国，移居美洲的

---

❶ 中国直销行业发展研究中心. 系列报道（二）：中国直销行业发展与管理国际论坛 [Z]. 2007-01-17.

欧洲吉卜赛人将直销从英国、爱尔兰、德国以及匈牙利带到了美洲殖民地,他们从事的商业活动有焊锅、叫卖和马匹交易等。❶

据资料记载,早在1929年中国的王星记扇庄的第二代当家人就曾用一种类似直销的方式招揽生意,无论什么人只要给王星记介绍生意,均可得到成交额中的5%~10%的佣金。这些介绍者其实就相当于王星记的直销员。不过,中国王星记的直销一直停留在感性模式上,缺乏深刻而实用的理论作为营销指南。

二、现代直销

现代直销,它的雏形应该追溯到工业革命之后,伴随生产力的发展,各营销渠道费用的增长驱动直销顺势而现。一般地认为在20世纪40年代,以色列犹太人卡萨贝创立了现代直销。真正使它兴盛起来的却是成立于20世纪40年代的健尔为(California Vitamins)公司(这是美国第一家采用直销方式销售产品的公司,1945年易名为纽崔莱公司,后于1972年被收购于安利公司旗下)。该公司采用了多层次酬金分配制度。

之后,直销在美国和世界各其他国家迅速发展,可以分为三个主要阶段。

(一)第一阶段(1945~1978年):现代直销模式的兴起

1959年,纽崔莱公司的两位直销商吉·温安洛及理查·迪维士自立门户,成立了安利公司,以直销方式销售他们制造的清洁剂和洗衣粉,业务发展得蒸蒸日上。进入20世纪60年代后,美国类似的直销公司发展非常迅速,1967年美国已经有7.8万家直销企业。❷美国采用直销方式的公司如雨后春笋般地发展,1972

---

❶ 李道煜. 直销的前世、今生和未来 [EB/OL]. (2008-03-03). http://www.zhixiaowang.com/htm/2008/03/2662.html.

❷ 李野新. 新直销营销一本通 [M]. 北京:中国经济出版,2008:22.

年,上门直销形式的销售额已达40亿美元。但是,到了20世纪70年代,非法传销泛滥成灾,直销业深受其害。假日魔法公司因大肆从事非法传销臭名昭著,被美国有关当局检控。当时有些直销公司亦卷入其中,濒临崩溃的边缘。1975年,美国联邦贸易委员会抨击多层次直销为非法传销,欲加以取缔,安利公司也被指控使用非法传销经营,1978年以安利公司胜诉告终。安利公司的胜诉成为直销行业的一个重要转折点,意味着联邦政府承认了多层次直销的销售方式为合法的销售方式,其权益也由此受到相关的保护。

其他国家直销也不断发展。1945年加拿大直销协会成立;1965年英国直销协会成立;1966年墨西哥直销协会成立;1967年澳大利亚直销协会成立;1968年欧洲直销协会成立;1969年直销由美国传入日本;1967年,德国成立了直销协会,会员公司共7家,总营业额达到3.25亿马克;1972年南非直销协会成立;1976年日本通过《访问贩卖法》;1976年新加坡直销协会成立;1978年马来西亚直销协会成立;1978年日本颁布《无限连锁防治法》;1978年"世界直销联盟"在美国成立。

(二) 第二阶段(1978~1996年):现代直销的规范化

1979年安利公司赢得美国联邦贸易委员会对其的诉讼。1979年日本正式实施《无限连锁防治法》。1979年中国香港直销协会成立。1980年巴西直销协会成立。1980年中国香港公布《多层次推销禁止条例》。1980年日本直销协会成立。1980年直销从美国和日本传入中国台湾。1985年欧洲议会提供过了专项法令(85/577/EEC),主题是在直销经营中就加入条件保护普通消费者,对欧洲各国直销业提出了必须满足的最低要求。1986年由中国台湾英文杂志社发起,多家公司共同成立台湾直销联谊会。1988年日本政府修改并加强了《访问贩卖法》和《无限连锁防治法》。1990年中国台湾直销协会成立。1992年,中国台湾发布"多层次直销管理办法","公平交易法"生效。1993年马来西亚发布《直销法》。1996年俄罗斯直销协会成立。1996年"世界直销协会联盟"实施《直销商德约法》。

美国式的直销与日本式的管理相结合使直销在日本发展更为迅速,在日本的美国直销企业技术是以30%的平均速度在增长。1995年日本的直销业的销售额为304亿美元,占世界直销总额的40%。1996年由于外资企业大量涌入日本,新的直销公司相继成立,使直销界的伦理道德受到挑战,但是经过日本政府和直销业界的共同努力,目前,日本直销业再次走在世界各国的前列。其产生的年营业额占全球总营业额的1/4,但同时也表明日本的直销业已属成熟市场,很难再有更大的发展空间。[①]

据世界直销协会联盟统计,1990年,全球约有1000万名直销人员,有36个国家和地区设有直销协会,直销行业年整体的营业额为447亿美元。到1995年,全球有直销公司活动的国家和地区超过125个,其中有50个国家成立了直销协会,直销从业人员达3871万人,营业额为800亿美元左右。

(三) 第三阶段(1996年至今):进一步规范与快速发展期

世界各国和地区对直销的进一步规范促进了直销业的快速发展。1997年我国台湾地区有关主管部门处罚12家双向制公司。2000年如新企业集团新加坡分公司正式以多层次直销方式营运,标志着新加坡全面正式开放直销业。2001年日本《访问贩卖法》改名为《特定商业交易法》。到2000年,全球的直销人员达3871万人,营业额820亿美元,且以每周20万~30万人的速度增长。在大多数允许直销经营的国家,直销业每年都有两位数的营业成长率。发达国家的多年商业实践及我国近年来的市场化进程已经证明直销是一种行之有效的分销商品或服务的模式。

---

① 凌云.如何做直销[M].北京:机械工业出版社,2006:12.

三、部分国家和地区直销立法状况[①]

相对于其他营销模式,直销拥有很多无可比拟的优点。从企业角度看,可以大大降低渠道费用,使企业拥有更大盈利空间;对消费者而言,购买过程便捷,售后服务有保障;从社会角度看,直销员资格易于取得,有利于促进社会就业。但是,在直销行业规模日益壮大的同时,非法诈骗组织也如影随形,扰乱了社会经济秩序。由于各国国情的不同,因此,世界各国规范直销活动、促进直销行业发展的立法态度和法律手段也有所不同。

(一) 美国

在美国司法制度中,直销,包括多层次直销都是合法的。但是与我国《直销管理条例》不同的是,直销员并非企业雇员,而是具有独立的身份,他们独立经营,独立承担责任。这一规定成为其他各国的参考依据。

同时,为了避免金字塔式销售给消费者带来经济损失,影响经济稳定,美国严格禁止金字塔式销售的非法行为。随着直销行业在美国的逐步规范发展,人们对直销也渐渐地由抵制转到接受,甚至对这种成熟的销售方式渐渐喜欢起来。于是美国法律也在逐渐放开尺度,给直销行业更多的自由发展空间,开始尝试对直销中风险较高的环节进行一定程度的规制,其主旨是保护消费者的合法权益。例如,规定购买直销产品3天冷静期。美国直销产品种类非常丰富,包括日用品、保养品、服装甚至长途电话服务,应有尽有。美国还成立了行业协会,主要负责行业间经营管理以及市场数据收集等,为美国直销行业的有序发展起到了推动的作用。

(二) 日本

日本对直销业的态度同美国最初的态度类似,都是不将其特殊

[①] 何礼.我国直销立法问题研究 [D]. 北京:首都经济贸易大学,2014.

看待，而是归入国内现有的经济法规中，比如日本就曾在《特定商业交易法》中设立了直销相关规定。在冷静期制度中，日本的规定为14天。除此之外，日本法律还特别规定，直销员在推销时要向消费者进行如实描述，并在成交后出具载明合约内容的书面文件。

在承认直销合法地位并认可多层次直销的同时严格禁止金字塔式欺诈。对于单纯以骗取入会费为目的，不销售真正商品的"老鼠会"，设立了《防止无限连锁链法》对其进行禁止。而对于以销售质次价高商品赚取非法差额的公司，则没有相应的法律法规。

日本已经建立了直销行业协会，并且经过了政府的认可。该协会的主要宗旨是保护消费者权益，促进行业健康发展，公平解决行业内部争议。日本的每位直销员需要具备相关资质，通过直销协会的考试，并持有直销员证。协会还负责直销员的培训及再教育事宜。

(三) 韩国

韩国的直销法律法规是世界上最全面、系统的，它不仅详细规范了单层次直销、多层次直销和金字塔式欺诈，还对广义的直销方式，如电话直销、网络直销等作出了较全面的规定。

韩国法律对金字塔式欺诈进行了详细的列举，共描述了17项非法传销行为，并规定了具体的处罚措施。韩国法律对多层次直销也是认可的，认为直销商可以通过发展下线来提高自己的业绩，但是因发展下线所收到的报酬以及计酬方式应该是公开透明的，且总额不得超过总统令的限制。

而对于冷静期，韩国规定得非常全面，针对单层次直销和多层次直销有不同的规定，分别为10天和20天。还特别规定如果退换货地址不明确，则冷静期从直销公司明确了地址开始起算，整个过程中的所有费用，都无需消费者负担。如果直销企业或者直销商在此过程中故意为消费者造成不便或者有阻碍其行使权利的行为，将被处以刑罚并处罚款。此外,韩国直销法规对保证金的设立及使用也作出了相关要求。

同时,韩国也已成立行业协会,包括安利公司、雅芳公司在内的很多大型跨国直销公司。这些公司在协会内互相交流、互相帮助,为韩国直销业的发展作出了很多贡献。

(四) 马来西亚

直销行业自进入马来西亚之后,一直保持着高速发展的趋势。很多企业家欣赏直销的魅力,将直销模式加入他们的销售渠道中。大批对此感兴趣的人加入直销员的行列,不仅为自己创造了收入,同时也为直销企业增加了利润,促进了经济增长。但同其他国家一样,马来西亚的直销业也没能逃脱金字塔式欺诈的魔掌。为了防止金字塔式欺诈行为对直销行业及经济秩序造成不良影响,马来西亚政府开始着手制定相关法律法规。

在一定程度上来讲,马来西亚当时的立法背景与中国有一定的相似性,都是直销与金字塔式欺诈鱼目混珠,行业极度缺乏规制,人们对直销非常抵制并且引起一定程度的恐慌。政府不得不管,但又不具备足够的管理经验和相关专业知识,在此种背景下设立的监管法规,必然是极其严格的,以避免人们因认识不清导致财产损失甚至实施违法行为。该法令几乎没有描述性、概括性的语言,而是直接告诉人们应该做什么,不能做什么。可以说,其立法是非常严密并且易于操作和判定的。但是即使在这种情况下,多层次直销还是得到了政府的认可,并被赋予了相应的法律地位。在马来西亚第一家直销企业设立的 20 年后,即 1993 年,马来西亚政府针对混乱的直销行业设立了《1993 年直销法令》。该法令秉承从严监管的立法态度,对直销进行了严格的规定。在对直销进行定义的同时,该法还对邮购方式的直销活动和电话直销作出了明确的规定。为了防止人们利用直销作为幌子从事金字塔式欺诈活动,该法令规定,直销员的收入来源必须是销售商品,而不是贩卖发财机会或入会机会。而且，法令规定出售商品所获得的利润不得超过商品价值的60%，这项规定有效遏止了不法分子销售质次价高的商品。

马来西亚对于直销企业的准入设立了较高的标准和规则。马来西亚法律规定，多层次直销公司的设立，需要150万零吉的注册资本，在当时约合人民币337.5万元；而外资直销公司需要缴纳合人民币1125万元以上的注册资本。而对于冷静期，马来西亚规定为10个工作日。❶

除此之外，马来西亚也设立了直销行业协会来辅助政府进行管理，其会员数量已超过国内直销企业总数的一半。

（五）新加坡

新加坡曾经明令禁止多层次直销，并出台了《禁止多层次及金字塔式销售法》，但是随着新加坡政府对直销行业认识的逐渐加深，以及直销行业越来越健康、有序，而且消费者也能清楚分辨直销及欺诈行为、保障自己的权益，新加坡政府在2000年对原有法规进行了修订，解禁了多层次直销。在修订后的法规中明确禁止入会费、虚假宣传、欺骗引诱等金字塔特有的行为方式，以此来规制金字塔式欺诈行为的发生。

（六）我国台湾地区

我国台湾地区自20世纪70年代出现直销，在当时引起了不小的骚动，而且与此同时，金字塔式欺诈也如影随形，台湾同胞被其新颖的销售方式所吸引，很多人参与其中。但是那时候的人们还分不清直销与金字塔式欺诈间的区别，有很多人被不法分子欺骗，社会经济环境一时产生了很大的动荡，对正当经营的直销业也产生了巨大负面影响。

为了澄清人们在直销领域存在的误区，同时也为了确保合法直销企业的健康发展，几大直销巨头公司联合起来，成立了"直销

---

❶ 杨谦. 现学现用直销法规 [M]. 北京：化学工业出版社，2010.

联谊会",并申请加入了世界直销协会联盟,成为其第 30 名会员。但是,这个协会却一直没有被台湾当局所认可,不能以协会的名义对外进行活动。尽管如此,这个组织仍然努力向人们传播直销的先进理念,帮助人们认清直销与金字塔式欺诈的本质区别。逐渐地,使人们可以正当看待直销行业,从而对金字塔式欺诈行为起到了一定的抑制作用。

1990 年,台湾有关部门终于与"直销联谊会"达成合作,成立了"直销协会",主要负责研究学习国际上直销行业的发展经验,以及听取专家学者和相关人员的献言献策,并将有用信息汇总,反映给有关部门。这为台湾有关部门提供了很好的参考资料,为建立完备的直销监管体系奠定了基础。两年之后,台湾地区颁布了"公平交易法"和"多层次直销管理办法",对直销行业进行进一步的规制。而现在,我国台湾地区已经发展成为亚洲第二大的直销市场。台湾与大陆不管是在历史上、人文上,还是发展程度上,都有着非常大的相似之处,台湾地区的经验对大陆有着很好的参考价值。

"公平交易法"中承认了多层次直销的合法地位,并对其具体行为进行了较为详细的规定,而对金字塔式欺诈则明文禁止。"多层次传销管理办法"也逐渐从"公平交易法"中独立出来,在原有条文的基础上针对多层次直销作出了更为专业的规定,重点在于保护消费者权益,规范多层次直销活动的具体操作流程,避免被金字塔式欺诈钻空子。❶值得一提的是,与此前相比,有关部门参考了直销行业的建议,适当减少了对直销行业不必要的规制,降低了直销企业以及直销员的负担。除此之外,对于直销企业的信息报备,台湾有关文件规定由"公平会"进行审查,而对于直销产品的范围也作出相关的规定。

---

❶ 何凯立. 中国直销汇读 [M]. 北京:中国商业出版社,2010.

综上所述，台湾地区有关部门不仅对直销作出了相应的定义和要求，还针对多层次直销进行特别的规范，严格划清了多层次直销与非法的金字塔式欺诈的界限，采取了必要手段对直销企业的行为进行监管。

第四节 直销商业模式在我国的发展历程

根据国内相关学者的研究，直销在中国的发展大概可以分为四个阶段，即萌芽发展时期、初步发展时期、灰色发展时期和法治直销时期四个阶段。❶

一、萌芽发展时期（1990~1995年）

随着直销事业在世界范围的发展，20世纪80年代，日本一家卖磁性保健床垫的Japan Life公司来到我国。这是一家没有取得任何许可的公司，标志着传销登陆我国。由于是第一家，工商行政管理部门也未给予干预。这家公司一开始便按照明确的直销制度销售床垫。从深圳开始起步，其发展速度很快。许多人看到了直销的诱人前景，在许多正规直销公司迅速发展的同时，许多的地下传销公司也迅速发展。最初的直销网络主要由中国台湾、美国的直销公司的直销商发展起来的，他们主要在上海、广州、北京、厦门、福州等沿海城市和大城市操作。

第一家以直（传）销正式注册登记的中美合资广州雅芳公司于1990年11月14日正式成立。据《传销研究》杂志的调查显示，这一时期在全国19个城市有多层次直（传）销公司在活动，大多位于沿海比较发达的城市，不过在西藏等不太发达地区也有萌芽。面对直销、传销的迅速发展和金字塔式欺诈活动的出现，政府、直

---

❶ 李野新. 新直销营销一本通 [M]. 北京：中国经济出版社，2008：23.

销企业和专家学者,对直销在全球市场上的操作缺乏了解,对如何发展中国的直销市场就倍加关注。1993年出版的《中国:迎接直销风暴》被认为是第一本有关中国直销的专著。各种研究期刊中,最重要的是《传销研究》。1993年11月至1995年2月,在北京召开了至少5次直销研讨会,为该行业奠定了理论基础,明确多层次直销是合法营销方式,是市场发展的产物,是全球发展趋势的一部分;同时达成共识:制定发布相关的法规,并建立直销协会,这是中国直销业健康发展的最佳保证。

在加强研讨的同时,面对传销中的负面行为的影响和危害,国家开始严厉打击传销。1994年,上海、深圳、广州等地的行政管理部门开始组织人员,专门草拟有关管理办法。1994年8月11日,国家工商行政管理局发出《关于制止多层次传销活动中违法行为的通告》(工商公字〔1994〕第223号),这是我国第一个全国性的直销规定。随后于1994年9月2日,国家工商行政管理局发出《关于查处多层次传销活动中违法行为的通知》(工商公字〔1994〕第240号)。从制止到查处,官方的态度逐步明确,非法传销得到一定程度的控制。传销业进入一个相对平静期。这个时期,官方的态度比较模糊,只是查处违法行为,并未对该行业表示绝对禁止。由于各种原因,特别是地方保护主义,这两个文件并未被完全贯彻。这使"老鼠会"的头目们在满天阴雨中似乎依稀看到了一线生机,而地方保护主义则给这个生机提供了继续潜伏、发展的温床。

1995年,随着传销狂热在沿海的冷却,其传销开始向内地发展,主要在东北的沈阳、中原的郑州及西南的重庆等中心城市。内地城市的发展使传销呈现出完全的混乱状态,上百家传销公司及高达200万的传销人员给政府的管理带来极大的困难,对传销的管理已经到了不得不进行规范的程度。1995年9月22日,《国务院办公厅关于停止发展多层次传销企业的通知》(国办发〔1995〕50

号)发布,政府对非法传销已经提升到国务院的领导下,各部门、各地方政府和国家工商行政管理局共同打击传销。国家工商行政管理局为了贯彻国办发〔1995〕50号文件精神,在1995年10月17日发布了《国家工商行政管理局审查清理多层次传销企业的实施办法》(工商公字第266号),对传销企业进行清理,提出对于已经注册登记以传销方式从事经营的企业,必须在1995年11月10日前提出审查申请,传销企业必须具备具有合法的企业法人资格、注册资金500万元人民币以上、须为生产型企业、只能传销本企业在中国境内生产的产品等条件。该文件同时规定了不能参与直销行业的有关人员:"党政机关干部、现役军人、医生、记者、公用事业单位职员、在校学生和教师以及国家规定的不得兼职经商其他人员,不得参与传销。"

对于本时期的官方文件,传销业界观点不一,工商行政管理部门也持不同的态度,部分地方一律采用取缔、扼杀传销的态度。其实这三个文件,从来没有要取缔、扼杀传销的意思。政府原意是规范传销市场,让传销这个新生的事物能健康、有序地成长,以合理的、谨慎的、开放的态度来对待这个行业。

二、初步发展时期(1996~1997年)

1996年4月,共有41家企业得到了官方的认可,取得了名正言顺的传销资格。几乎是同期,1996年6月26日,上海成立了传销行业协会并召开第一次例会,并首次向全社会公布了行业守则。政府的规范和行业自律使传销行业进入了一个相对健康成长的时段。

1997年1月10日,国家工商行政管理局公布《传销管理办法》,这是对传销业发展和监管经验教训的总结,也是国内第一部对传销活动进行管理的一个比较全面的文件。其从传销企业的性质、核准登记条件、传销员的规范、传销行为规范、行业监督管理等方面作了明确规定,对处于成长期的传销业起到了辅助、规范的作用。安利、天狮、完美、李锦记、尚赫等企业就是在这一规范下逐步发展壮大起来的,在最短的时间里得到了高速发展。当然这也得益于这些实力雄厚的企业自身的自律自爱。

三、灰色发展时期(1998~2005年)

自从1994年8月11日国家工商行政管理局公布工商公字〔1994〕第223号文件制止多层次传销中的违法行为,国家就对新兴的直销业抱有足够的耐心,面对非法传销的日益猖獗,政府一直采取打击非法经营与引导行业健康发展相结合的态度。因为中国当时的经济发展、社会条件和中国百姓的心理都不够成熟,不适合多层次传销。

1998年4月21日,国务院宣布了对整个传销业的总"判决":颁布了《国务院关于禁止传销经营活动的通知》(国发〔1998〕10号),对传销全面禁止。通知指出由于直销在我国发展时间较短,管理手段比较落后,群众消费心理不成熟,在这种情况下进行传销会被不法分子利用进行邪教、帮会、迷信和流氓等活动,严重背离精神文明建设的要求,影响我国社会稳定;传销容易被利用来吸收党政机关干部、现役军人、全日制在校学生等参与经商,严重破坏正常的工作和教学秩序;传销如果被利用来进行价格诈骗、骗取钱财、推销劣质产品、牟取暴利、偷逃税收,会严重损害消费者利益,干扰正常的经济秩序。因此应该坚决禁止传销活动,已获准登记的传销企业应转变为其他经营方式。

1998年6月18日,对外贸易经济合作部、国家工商行政管理局、国家国内贸易局联合发出《关于外商投资传销企业转变销售方式有关问题的通知》(外经贸资发〔1998〕第455号),规定"外商投资传销企业必须转为店铺经营",并批准安利、雅芳、玫琳凯、完美、仙妮蕾德、特百惠、天狮等10家外商投资传销企业转型经营。在运作上它们都取得了不错的成功经验，成为中国直（传）销企业转型时期的典范，特别是天狮公司，自1998年4月21日禁止传销以来，大力开拓海外市场，取得了卓越的业绩，成为民族直销业中典型的成功案例。与此同时，国内未成功转型的直（传）销企业及部分"老鼠会"头目，又开始走上了另一条更加不可见光的地下"老鼠会"道路。而一些规范经营的直销企业却因全面禁止传销而受株连，步入直销业的低谷期。

我国于2000年8月13日和2001年10月31日分别发布《国务院办公厅转发工商局等部门关于严厉打击传销和变相传销等非法经营活动意见的通知》《国务院办公厅关于开展严厉打击传销专项整治行动的通知》，继续打击非法传销企业的活动。2001年，国家工商行政管理总局总共查处1562件传销案，与2000年相比增加了34%。2002年，国家工商行政管理总局等部门公布《关于〈关于外商投资传销企业转变销售方式有关问题的通知〉执行中有关问题的规定》（工商公字〔2002〕31号），加强了对外资转型企业的监督管理工作。鉴于一些转型外商投资直销企业的迅速发展，2002年4月1日国家再次发布有关规定，对转型企业中雇用推销人员的方式、报酬、合同订立、培训规模等具体问题作出明确规定。自2000年以来，国务院和各相关部门发布有关打击传销和变相传销的文件已有40多次。但是，金字塔式欺诈似乎已在中国及各地区扎根繁衍，给全社会造成了不良影响。这时期出台的整顿、治理和转型措施促进了外商投资直销企业在我国的大力发展，而我国国内直销企业的成长却受到抑制。

四、法治直销时期（2006年至今）

《禁止传销条例》和《直销管理条例》经国务院批准分别于2005年11月1日、2005年12月1日起实施，中国直销市场正式开放，中国开始真正走上法治直销的轨道，标志着中国直销员、直销商和直销企业都将面临新的机遇与挑战。

中国直销进入第三次发展浪潮，这一次增长不同于前两次。第一次增长是直销业前直（传）销时代的盲目和非理性增长，第二次是直销业转型期间以安利公司为典型代表的特殊增长，第三次是中国政府与直销企业经过全面深入总结后的理性发展。由于各国、各地区经济发展程度的不同，对直销潜在市场的分析不能作简单的横向对比，但毋庸置疑的是直销在中国仍处在潜伏而更快发展的阶段。

根据我国的具体国情，我国政府对直销的发展在不同时期采取了不同的政策，现在我国的直销实质上已经不是无店铺销售了，而是"店铺+雇用营销人员"的方式。这有利于维护我国社会稳定，保护消费者的合法权益。

任何一个行业在面临时代更替和政策变革后，必然会产生行业的重组、竞争格局的改变和财富的重新分配。直销市场在新一轮的市场角逐中，牌照问题、制度转型问题、人脉等问题，都考验着每一个直销企业和直销从业人员。对于未来的直销市场，曾有业内人士认为会形成内外资并举、多寡头垄断及中小型准直销企业百花齐放的竞争格局。政府、直销企业与经销商、消费者这四股积极力量形成并会合后，将形成并产生巨大的能量，引导直销市场向更理性、更健康的方向发展。目前，由拿牌企业、申牌企业、转型企业所组成的行业格局，依然在各自为政地艰难前行。

《禁止传销条例》和《直销管理条例》高位阶的立法形式，在中国直销立法史上有里程碑意义，有利于保证中国直销法律制度的实施效果，有利于各个政府部门之间形成协调监管机制。综合分析美国以及亚洲部分国家和地区对于直销的立法态度，我们可以看到，国际上对于直销的法律地位均给予了肯定，并且随着对此种商业模式理解的不断加深，对其信任程度也随之增加，采取的监管措施也在逐渐精简和专业化。从国际视角分析，直销已经步入成熟期，各国立法者都在根据市场变化逐渐修改已有的法律法规。由于金字塔式欺诈的存在，以及金字塔式欺诈与多层次直销在形式上的相似性，各国立法者对开放多层次直销都采取了谨慎的立法态度，而新加坡更是在一段时期禁止了多层次直销，但是多数国家还是承认多层次直销的合法性的。我国在直销行业发展的初期，为了保护群众不被欺诈团伙蒙蔽，保护消费者的利益，在特殊时期采取较严厉的立法是非常理智和科学的。现今我国民众对于直销营销模式的认识已经比较客观、理智，直销行业发展已经趋于成熟稳定，在大多数国家都逐步放开了对多层次直销监管的国际环境下，建议通过区域试点逐步放开多层次直销，引导多层次直销健康发展，为新常态下我国市场经济发展注入新动力。

第五节 直销商业模式下的科技成果转化

相对欧美国家来说，直销在中国起步较晚。拥有丰富的人力资源以及巨大的消费市场的中国，无疑是直销商业成长的肥沃土壤。然而，直销商业在中国的发展并非顺风顺水，从萌芽期到初步发展到政府禁止的灰色发展时期，再到当前的直销的法治完善阶段，直销企业可谓是经历了风风雨雨。不可否认，直销作为一种新的营销模式，给我国经济的发展带来了巨大的机遇，但同时也产生了不少的问题。

直销模式打破了传统营销格局的模式，使其由"厂家—代理商—批发商—零售商—消费者"的销售模式，转变为由"工厂—直销商—消费者"。中间流程的缩短，不仅提高了人们的采购效率，而且节省了资金，消除了销售层次多、中间环节繁、不易控制成本以及难与最终用户沟通等一系列弊端，同时还增加了就业，促进了经济的发展和人们生活水平的提高。然而，由于我国直销起步较晚，直销立法以及监管制度尚不完善，在初期，这一特殊的销售模式往往为不法分子所利用,慢慢演变成非法集会以及金字塔式诈骗(也就是俗称的"老鼠会"),致使1998年我国颁布《禁止传销条例》,进而我国多层次直销被全面关闭,使直销企业元气大伤。

为了适应中国国情,原有直销企业不得不进行改革,以适应环境的变化。顺应知识经济时代潮流,领头直销企业凭借其强大的适应和创新能力不断打开中国市场。它们不仅在组织、营销方式上不断创新,发展出一条适合中国国情的实体店铺销售与直销员上门、网络、电视销售相结合的复合式营销方式。而且,这些企业也非常注重专利技术、高新技术等成果的研发以及应用,它们配备着专业的研发团队,设有高新产业基地,积极进行企业间交流、加强产学研合作以增强其科技成果转化力。但是,就中国直销商业整体而言,以提高科技成果转化力促进企业健康可持续发展的实效并未达到相应高度。这也直接导致了当前直销商业中的很多不良现象,产品同质化、产品科技含量名不副实、产品质量不高,虚假宣传的现象屡见不鲜;更恶劣的是非法传销屡禁不止。由于人们普遍对非法传销与正规直销的认识不够,进而难以对二者进行区分,因此,直销商业模式多年来饱受由非法传销所带来的恶果,对我国直销企业的健康发展造成了极其恶劣的影响。

随着中国加入世贸组织以及《直销管理条例》的实施,中国直销逐渐步入法制化、理性化发展时代。直销商业模式正面临着前所未有的机遇与挑战,响应国家促进科技成果转化号召,走科技创新型道路,正是直销企业想要取得成功的不二选择。

一、直销企业的科技成果转化内涵界定

根据《促进科技成果转化法》给出的法律定义,科技成果转化"是指为提高生产力水平而对科技成果所进行的后续试验、开发、应用、推广直至形成新技术、新工艺、新材料、新产品，发展新产业等活动"。当前提高科技成果转化力问题，是在创新驱动型经济的条件基本具备的情况下，科技创新如何更好地满足经济社会发展需求的问题，其根本思路是科技与经济一体化发展思路。

一般意义上讲，科技成果转化的内涵对直销企业具有普适性。直销企业的科技成果转化力是指直销企业为提高自身生产力水平而进行的市场调研以及科学研究与技术开发，并对其本身或其他机构研发所产生的具有实用价值的科技成果进行后续试验、开发、应用、推广，直至形成新产品、新产业整个过程实现的效果与能力。它强调企业的创新、对创新成果的应用以及推广能力。其创新不仅仅包含科技、产品的创新，更包含文化、组织、管理以及营销等全方位的创新；不仅仅包含企业的自主创新能力，也包括企业合作、产研合作创新能力以及科技成果的引进等。因而，纵向上科技成果转化贯穿整个直销商业运作链条，横向上它又延伸至整个社会的科技成果创造体系。

基于直销渠道本身的特殊性，直销企业的科技成果转化也具有其特殊性。非法传销早已造成的恶劣社会影响，使直销企业也广受诟病。树立良好的企业、品牌形象，赢取消费者的信任，正是直销企业孜孜不倦追求的，而提高科技成果转化力正是实现这一追求的有效途径。就需求程度而言，相比传统企业，直销企业对提高科技成果转化力的需求更为迫切。由于直销企业经营模式不同于传统企业，其销售模式省去了多个环节，一般由直销企业招募直销商进行终端销售，因此，直销企业比传统企业在产品的销售过程中具有更大的影响力。这就决定了它们有能力通过对直销人员的管理制度、激励制度以及销售模式进行不断创新促进产品的产业化。因此，在科技成果转化过程中，直销企业对其科技成果转化力的后链条部分拥有更多的掌控权。

二、以直销企业为主体的科技成果转化过程

对于科技成果转化过程的划分，基本都是沿着需求调研、研究开发、产品制造、市场拓展、产业发展、经济效益等链条进行的。我们大致可以将其划分为"研发—产品化—商品化—产业化"的过程。可见，科技成果转化是一项集科技、经济、工程等于一体的复杂活动，对于有关技术、生产与市场的问题从一开始就应该统筹考虑。可以说"企业是科技成果转化的需求主体、投资主体、利用主体、推广主体和受益主体"。

直销企业作为科技成果转化的主体，意味着无论是它研发的科技成果，还是高校和科研院所产生的相关科技成果，最终都通过直销企业来完成产业化的过程。在市场经济条件下，直销企业作为科技成果转化的主体，实现科技成果转化的主要实施方，其本质属性决定它必然以实现科技成果产业化为目的，也与以营利为目的的一般企业没有差别。因而，直销企业的科技成果转化过程亦沿着"研发—产品化—商品化—产业化"链条进行。具体来讲：①研发阶段。这一阶段的任务是研究开发，研发离不开市场需求调研，因而需要以市场为导向确立研发目标，或是根据市场需要，进行产研合作或科技成果引进。②产品化阶段。这一阶段主要任务是应用现有科技成果，进行小批量产品生产。③商品化阶段。这一阶段要将科技成果产品导入市场，面向受众，根据受众反馈，对产品进行改良以及定位。④产业化阶段。这一阶段是实现科技成果转化最终目的的阶段。在产业化阶段，科技成果转化为现实的生产力，逐步形成一个完善的产业链条，产生巨大的经济和社会效益。

然而直销企业作为科技成果的转化主体，拥有不同于传统企业的营销模式，这决定了尽管它在科技成果转化的全链条的划分上虽与传统企业没有差别，但是从面向市场开始，其将不可避免地面临社会环境给它带来的特有挑战。由于人们往往难以正确区分合法直

销与非法传销的区别以及社会上广泛存在的对正规直销企业的误解，因此很多消费者对直销产品产生避之唯恐不及的心理。因此，直销企业的科技成果转化，在突破了技术与生产的瓶颈以后，还面临着比传统企业更为艰难的"如何开拓市场的问题"，即其在商品化、产业化阶段将受到巨大阻力。当然，与此同时，其优越性也恰恰体现在商业化、产业化阶段，由于直销这一以人为核心的销售模式，使直销产品可以更好地满足消费者的需求，直销企业可以更贴心地为消费者服务，又使其优劣之处可以迅速反馈到科技成果的提供者，促进科技成果转化效率的提高。为了冲破阻力，直销企业更需要不断提高其科技成果转化力以获得广大消费者的信赖，为了提高科技成果转化力水平必须在其自有优势上不断创新。这决定了直销企业在商业化和产业化阶段会有不同于传统企业的投入状况。本书将对直销模式以及规模在其科技成果转化过程中的影响进行重点研究。

三、直销企业中的科技成果转化的必要性

机遇和挑战并存的直销商业，为了确保直销渠道健康可持续地发展，提高其科技成果转化力是必由之路。约瑟夫·熊彼特曾指出："价格和产出的竞争并不重要，重要的是来自新商业、新技术、新供应源和新的公司商业模式的竞争。"由此可以看出在熊彼特的理念中，高科技含量的产品以及创新的营销模式，才是确保企业在竞争中立于不败之地的关键。因而，促进科技成果转化理念需贯穿于直销商业中的产品研发、生产以及销售的整个链条，即"研发—产品化—商品化—产业化"全过程。

从直销企业的视角来看，由于社会上存在对直销商业的普遍误解以及对直销产品的广泛质疑，通过提升直销产品质量和品牌形象来取得消费者的信赖以确保直销渠道的永续发展就成为所有直销企业重要而迫切的战略任务。基于直销企业的特殊性，人们的目光大

多集中于直销的模式、直销员的发展,而忽略对直销企业整体科技成果转化力的关注。一个好的销售模式对于商业的成功固然重要,但绝对离不开产品质量保障以及让公众认可的品牌形象。因而,提高直销企业的自主创新意识和能力,促进科技成果在整个直销商业的全链条转化,用更优质的产品、更低廉的价格、更便捷的销售方式以及更贴心的服务来赢得商业上的成功,才是直销企业得以持续发展的正确之道。

由于直销这一新型营销模式可以将科技成果迅速地提供给消费者,又能及时地获得市场反馈,进而实现科技成果市场化的动态良性循环。因而,提高直销企业中的科技成果转化力不仅能为企业带来经济效益,也可以推动全社会科技的进步。因而,提高直销企业中科技成果转化力不单单是直销行业的需要,也是提高全社会的科技成果转化效率的迫切需要。

第四章　直销商业模式促进科技成果产业化的依据

第三章简要介绍了我国现有的几种科技成果市场化营销模式。直销商业模式作为市场经济学中的一种新兴运营模式，是否比传统的市场化营销模式具有更多的比较优势？如何促进直销商业模式在科技成果转化过程中的应用？直销企业的竞争主要体现在产品和服务上，优质的产品和高质量的服务对于直销企业的发展很重要。直销企业一直都把拥有高科技含量的产品作为其重要优势来宣传，加上其独特的直销经营模式，重视与客户面对面地沟通，使得直销企业发展速度极快。正如弗雷曼所言，成功的创新者对用户需要有更好的理解。在知识经济形态下，直销企业为了获得独特的高科技产品，往往会委托科研机构研发、合作开发或者直接购买先进科技成果。探索研究利用直销商业模式来促进科技成果的转化不仅对提高我国科技成果转化效率具有重要的意义，而且有助于活跃市场，为直销商业模式在我国健康可持续发展提供有力保障。

第一节　当前我国科技成果转化效率低的主要原因

一、科技成果本身的内部因素

科研工作者的科技成果转化观念就像一只无形的大手，它在科技成果转化过程中所起的作用至关重要。目前我国高校科研院所的科研人员大多数以爱因斯坦、杨振宁等科学家为榜样，侧重于基础研究和学术争鸣，管理人员在进行职称评定、岗位晋升和考核评价时以论文发表数量为主要参考依据。大多数科研工作者都认为从事科技成果转化是企业的事，科研院所主要力量应该放在科研上，搞科技成果转化学术水平太低且十分艰苦，加上投入不足，势单力薄，难以形成群体优势，而且缺乏跨学科、跨界合作经验，完成转化的信心和动力均不足。很多科研院所的科研工作定位不准，不是面向市场和经济建设，而是面向政府和上级。有些科研人员把大量时间、精力和经费花在课题申报、论证、检查、验收、鉴定上，真正用在课题研究上的时间不到一半。不少科研人员在选题时缺少论证，与实际联系不紧密。为了出成果，立项时对如何能顺利地完成研究的因素考虑较多，而对于科技成果产生后，如何去适应市场推广应用的因素考虑较少，甚至不考虑。

科技成果转化是一项综合性很强的科技行为，它所需要的技术是多层次、多方面的综合性技术，那些单项技术成果多、综合配套技术成果少，只讲数量、不讲系统集成的科技成果要转化、要推广更是非常困难。而且在部分科研部门中，存在不同程度的"重名轻利"现象。所谓"重名轻利"是指科研部门和科研人员在科技成果转化中，在对科技成果可能给自身带来的"名"和"利"两方面的取舍上，更加偏重于"名"，而相对不重视对"利"的争取的现象。❶

此外，我国高校和科研院所科技成果知识产权权属不清晰、知识产权评估定价难问题一直存在。知识产权价值的认定是一个系统性的过程，要从创新性、可操作性、可大规模生产、市场认可程度、产品生命周期等多个角度去评估，因此对于不同领域的知识产

---

❶ 王楚鸿．高校科技成果转化中的"重名轻利"现象分析［J］．科技管理研究，2009（8）．

权的价值评估需要专业性的第三方评估中介实现,但是评估中介的专业性却不能覆盖所有科技领域,存在评估方式单一、专业性较差、缺乏专业人员及相关政策支持等问题。而且在第三方评估时难免有暗箱操作、利益输送的问题。

二、影响科技成果转化效率的外部因素

(一) 有关科技成果转化的法律法规

科技成果转化是一项非常复杂的系统工程,政府的政策扶持将有效地推动科技成果的成功转化。从1993年全国人大常委会颁布《中华人民共和国科学技术进步法》(以下简称《科技进步法》)以来,我国开始以法律为手段落实国家对科技成果转化的支持政策,1996年又出台了《促进科技成果转化法》。在《科技进步法》和《促进科技成果转化法》的基础上又出台了一系列旨在促进科技成果转化、科技产业化的政策法规。这些法律法规和政策条文形成了我国目前较为完整的科技成果转化法律体系,使科技成果转化活动有法可依。

但是,我国科技成果转化政策法规缺乏动态发展与配套协调的长效机制。我国虽在推动科技成果转化方面出台了一系列政策法规,但由于形势的发展变化,有的已失去了时效性,亟待修订完善。例如,2007年修订的《科技进步法》中有些条款规定仍存在规定过于原则化、保障措施操作性差等问题。2015年修订的《促进科技成果转化法》根据我国国情、国际创新全球一体化新形势和国内新需求,在科技资源有效分配,科技成果处置权、使用权和管理权以及科技人员考核激励制度方面作了进一步的优化和完善。但是与之相关的《专利法》《事业单位国有资产管理办法》等还未作相应的修改。政策法规协同效应还未形成。

(二) 支撑和服务科技成果转化的科技中介服务

我国科技中介服务体系是随改革开发的逐步深入和经济结构的

调整，特别是随科技体制改革、高新技术产业的兴起而逐步发展起来的。虽然我国的科技中介组织已经取得了进一步发展，但是仍然存在许多不足与缺陷。主要表现在以下方面。

第一，法律地位不明确。在我国科技中介组织中政府投资比重和实行事业单位运作的比重过大，即使是民办，也是"官助民办"特征明显，实行公司化和企业化运作的组织还较少，条件也不成熟，科技中介组织自身缺乏发展的确切定位与取向。到目前为止，有关科技中介组织的法律规范不多，主要依据一些行政条例和行政规章来进行管理，尚没有专门的较高层级的法规来规范其发展，其在社会主义市场经济中的地位还不明确。

第二，管理体制、运作机制不明确。从上到下各级政府远没有制定形成一套系统的、切实可行的、操作性很强的推进政策措施；政府职能转换远远没有到位，与科技中介组织的关系也没有合理界定，宏观管理体制不顺，时常出现对科技中介组织的不合理干预，部门利益冲突、行业条块分割现象时有出现。

第三，市场化水平不高。由于改革尚未到位，特别是由于长期的计划经济体制中形成的体制刚性、旧有观念的惰性等，很多有政府背景或"政府性"的科技中介机构的服务行为缺乏公正性、客观性和科学性。科技中介的服务能力和水平亟须提高，还难以得到社会各界，尤其是技术创新主体的普遍认同和接受，以致社会对科技中介服务的需求并不很大，使其发展面临市场狭小的尴尬境地。

第四，人才缺失。科技中介组织发展存在种种内外瓶颈因素，但最缺乏的是高素质科技中介人才，其对优秀人才的吸引力还不高，有效的人才培养机制与激励机制也尚未建立。

（三）科技成果转化的投融资机制和风险投资市场

科技成果转化是一项周期较长的经济社会活动，科技成果转化过程需要大量的资金支持。同时,科技成果转化具有较高的市场风险和技术风险,迫切需要强有力的投融资机制与环境的支持。但是,科技成果转化阶段性、风险性、周期长的特性导致金融市场上对于科技成果转化种子期的投资相对匮乏。作为科技成果转化的必经阶段,企业在成长种子期是否及时得到金融资本的支持是关系企业能否继续存活下去的关键。如何有效激发资本市场对于种子期的动力和投入力度成为解决问题的关键点之一。

改革开放以来,我国的风险投资从无到有,取得了巨大成绩,但是由于受到管理体制、市场环境的制约,我国的投融资机制和风险投资市场机制仍供给不足。在"互联网+"国家发展战略下,推动网络众筹模式的科技融资商业模式的发展,推动银行业金融机构改革,鼓励其设立具有投资功能的子公司,选择种子期、初创期、成长期的非上市科技创新创业企业,在给予信贷投放的基础上进行股权投资,由投资收益抵补信贷风险,为科技创新创业企业提供持续资金支持。

(四) 科技成果的评估评价

我国科技评估相对而言起步较晚,始于 20 世纪 90 年代初。1993 年国家科委开始将科技评估手段引入科技宏观管理环节,作为国家科委宏观管理工作的突破口。1997 年经科技部批准,依托中国科技促进发展研究中心组建了国家级的科技评估专业化机构——国家科技评估中心。经过多年的实践和发展,我国科技评估工作取得了较为显著的成绩,科技评估体系也初步建立。但与此同时,评估体系的不完善、价值导向的不规范及评估结果的实际效用不高等问题也开始显现。目前,我国科技成果评估机构大多是官方和半官方性质,数量多,规模小,业务能力弱,又没有渗透进市场意识与竞争意识,加上现有科技评估以委托评估为主,评估专家多偏重于以学历、科研成果或者研究和教学经验为标准,而很少有企业和科研前线工作人员。而且评估方法有待完善，相关工具较缺乏。这对全面有效开展科技评估工作也有一定的影响。

(五) 促进科技成果转化的激励机制

科研机构、高校转化科技成果多以现金、股份或出资比例等形式给予个人奖励，获奖人在取得股份、出资比例时可暂时不缴纳个人所得税，但在取得按股份、出资比例分红或转让股权、出资比例所得时就要依法缴纳个人所得税。但是现金奖励按工资薪金所得征收个人所得税，超过8万元部分税率高达45%，影响了科研人员积极性。

以上科技成果转化难的影响因素可以总结为：评价考核机制；利益分配机制；投融资决策机制；信息、人才机制；激励机制；法律法规政策保障机制等。众所周知，市场运行机制是价格机制、利益机制、竞争机制、风险机制、供求机制所构成的。而以上总结的科技成果转化影响因素都与科技成果市场机制有着或多或少的联系，所以科技成果转化市场机制问题的解决是科技成果转化难中的主要矛盾。健全和完善科技成果的市场机制将会提高科技成果转化效率。

第二节 直销模式推动科技成果转化的理论依据

一、直销商业模式是市场化营销模式

营销的发展过程大致可以分为三个阶段。初级阶段是以产品为主的营销模式，主要是通过产品的价格、质量、性价比、创意使产品占领市场。中级阶段指品牌的营销，侧重品牌的销售。高级阶段是整合营销。可以说，营销的初级阶段是卖产品，中级阶段是卖品牌，高级阶段则是先把理念卖给顾客，然后再把产品与品牌通过理念一起卖给顾客。规范的直销模式应该是整合式营

销，是将产品、品牌、理念整合起来进行深度分销，是综合了几种营销模式的系统营销，是整合营销的高级阶段。这主要表现在以下方面。

（一）直销中的深度分销是渠道发展演化的高级阶段

直销的分销渠道分为多层次，第一层是直销专卖店，第二层是直销商，第三层是直销员，第四层是消费者。直销的这种高质量的渠道建设反映了渠道建设的演化过程，本质上是为了更好地贴近客户，辨识客户的需求，为客户提供更好、更多的服务。

（二）直销中的价值导向型整合营销是营销传播策略的高级阶段

近年来舒尔茨等专家提出"价值导向型"的整合营销传播的概念，把整合营销传播由以前的战术作业层面提升为策略管理的工具，不再仅限于对外的传播作业，而更加重视企业和顾客之间的双向沟通。参与者不只是营销传播人员，而扩大到各个和顾客接触的相关部门及人员。并且追求的不只是短期的获利目标，而是和顾客建立长期的亲密关系。直销中的利用消费者行为找出和界定消费者和潜在消费者、评估消费者与潜在消费者的服务价值、传达讯息和诱因给目标消费者、评估营销传播投资报酬率、计划执行后的评估和未来的规划等的做法相契合，体现了直销的"价值导向型"营销传播方式。

（三）直销企业的文化营销是整合营销理论的重要内容

20世纪70年代以来，现代市场经济出现了经济与文化一体化的重要趋势，许多学者注意到文化与经济的互动关系，即文化对经济发展的促进作用和经济发展对文化发展的推动作用。法国学者佩音在《新发展观》中指出，在经济增长中，文化因素是决定减缓或加速经济增长是否合理的基础。美国经济学家普林克曼在《文化经济学》中根据文化发展的特质分析多种经济现象的实质，论证了文化与经济发展的关系。我国也高度重视文化与科技的融合，如北京市提出"科技与文化"双轮驱动发展模式。20世纪90年代中后期，随着高科技产业的迅速崛起，高科技产业、高技术产品和服务不断涌现。营销观念和营销方式也不断丰富和发展，出现了一种新的营销理念，即4V营销组合理论：4V指差异化（Variation）、功能化（Versatility）、附加值（Value）、共鸣（Vibration）。这一理论强调顾客差异化、功能弹性化、产品附加值以及消费者在消费产品时产生的共鸣。这种营销理论注重满足顾客追求个人体验和价值，体现了文化营销成分。21世纪不仅是知识经济、网络经济时代，也是文化经济时代，文化已逐渐成为推动生产力发展的不可忽视的强劲力量。直销市场化营销在发展过程中很重视文化营销的力量，直销人已经从单纯的"经济人""社会人"转向"文化人"了。

中国直销市场化营销模式的新发展，契合了经济发展新趋势，直销的"多层次、多维度"营销渠道模式较好地契合了科技成果转化的营销需求。无论是从直销专卖店到直销商，到直销员再到消费者的纵向流程，还是三维营销甚至是多维的利益导向，直销模式可以迅速、便捷地将科技成果销售到市场，并将消费者的反馈传递给科技成果提供者，完成科技成果市场化的动态良性循环。直销市场化营销模式是对其他几种科技成果市场化模式的综合运用，将有助于提高科技成果转化成功的概率。

二、直销产品特性

由于直销模式的特殊性，并不是所有的产品都适合用直销的模式营销，这也意味着并非所有的科技成果都可以用直销模式进行营销。一般而言，下列产品更适合用直销模式进行营销。

（一）高科技产品

高科技产品具有排他性，不容易被竞争者仿制，所以具有一定的市场独占性优势。直销产品一般都是知识和技术含量较高的，一般都是教育式的推销,这也契合了知识含量高的科技成果市场营销的需求。

(二) 专利性产品

美国前总统林肯把专利制度比喻为"为天才之火添加利益的燃料",专利制度规定发明者对其发明产品有一定年限的垄断权,这可以有效排除模仿者对创新者利益的侵犯。专利产品具有独占性,竞争者不敢仿制,这保证了产品的市场份额。

(三) 重复性消费品

重复性消费品在这里有两层含义:首先必须是消费品,即与日常生活息息相关,是大众均可消费的产品,这样有利于打开市场。其次是重复性,即可以重复消费,只有可以重复消费的产品才可以保证直销商建立起的网络在一定时期后活起来。

直销企业为了获得更多的发展空间,一般会竭力增加自己对产品的垄断权,这也意味着它们需要更多的专利性产品、更多的高科技成果。直销企业对专利产品、高科技成果的需求契合了科技成果转化的需求。

任何一种营销模式都有它的弊端,只要能使之扬长避短,规范地运用,就可以很好地为人类服务。根据以上的总结分析可以得出结论:对契合直销产品要求的生物医药、新材料等很多领域的科技成果的转化,直销模式可以发挥很大的作用。当然,随着直销行业地不断发展,直销产品的范围也在不断地增加,这为科技成果的转化开拓了广阔的渠道。

三、直销商业模式与"返利经济"[1]

(一)"返利经济"经营模式定义与特色

"返利经济"经营模式,用返利的方式吸引客户,实际上就是

---

[1] 曲秋香. 直销在中国的经营模式探究 [D]. 济南: 山东师范大学, 2014.

促销。它是一种新的营销策略与消费模式,在这种策略中生产者或者经销商将消费者到底需要什么样的商品、商品的价格优化以及消费者的消费心理进行了优化组合。伴随科技迅速发展以及中国政治和经济的国际化和市场化,以及互联网的快速发展,"返利经济"这种新的营销与管理策略在中国的实施已经越来越普遍。"返利经济"主要体现在经销商和消费者二者身上,二者的返利政策的设立是一种管理策略和双方的博弈。不论是在直销行业还是传统行业,"返利经济"主要体现在经销商"返利经济"与消费者"返利经济"两种"返利经济"策略上。"返利经济"在直销的经营中运用得非常广泛,这也是当今买方市场占主导地位而带来的一种经营模式。一种是经销商"返利经济"。经销商"返利经济"主要是生产商通过为经销商设立最优的"返利"政策,从而达到对经销商产生最佳激励的一种策略,经销商为获得返利应完成生产商要求的最低销售量,从而实现二者的博弈。在这里面的实施主体是生产商与经销商。但是当经销商面对两家实施不同"返利"政策的生产商时,经销商又会针对市场的价格和相关成本而表露出不同的努力程度,但是"返利"政策的实施与生产商的科技以及单位产品的销售成本以及市场的销售价格是直接相关的,同时也是一家企业管理经营的优化组合的结果。在直销行业中,采取"销售型"奖金制度的企业体现得更为明显。还有一种"返利经济"即消费者"返利经济",消费者"返利经济"主要是经销商通过对营销渠道的各环节的优化组合管理即对批发商与零售商以及利润的综合博弈从而采取最有的"返利"政策。通过经销商对消费者的"返利"政策从而让消费者受益,以及消费者对经销商的产品的再消费和转介绍从而让经销商获利,最终实现经销商和消费者二者的博弈。在这里面的实施主体主要是经销商与消费者。在现代社会已经逐渐成为各行业普遍采用的一种促销手段,充分实现消费者利益最大化。但是当消费者面对两家实施不同"返利"政策的经销商时,消费者又会针对自己的受益程度作出不同的选择，经销商的"返利"政策的实施和优化与经销商的管理与营销能力、市场上的产品替代性以及消费者的满意度和售后服务是直接相关的，同时也是一家经销商自我营销能力与管理能力优化组合的结果。在直销行业中，采取"消费型"奖金制度的企业体现得更为明显。

（二）"返利经济"经营模式利弊分析

看待任何的事物都需要一分为二来看，在研究"返利经济"经营模式上也不例外。经销商"返利经济"经营模式的主体是生产商和经销商。该"返利经济"经营模式作为一种新兴的模式时，经销商针对同等产品，在同等价位的前提下，无疑采取"返利"政策的生产商更有优势，同时"返利"政策对经销商更有激励作用。在良性循环下，采取"返利"政策的生产商不断改进科技，不断让利，不断优化组合新产品，不断优化管理，从而不断在市场竞争中获得优势，市场中其他的生产商要么被淘汰，要么被推动前进，借鉴、学习、调整、改进自己的经营模式和相关的技术，从而也不断淘汰市场中技术性和管理性相对较差的生产商，对社会政治和经济的发展甚至技术与文化的发展都是极大的推动力。"经营让利就像走钢丝，一旦做不好，很容易出问题。"金华一位电子商务资深从业人士说，这种模式最吸引人之处在于，利润一分为二，除了企业运作、发展的费用，剩下的部分让利给消费者。但是经销商"返利"政策的实施毕竟是生产商为激励经销商而采取的根据经销商销售的产品数量和生产商所获得的产品利润按照"返利"政策从而提供给经销商相关的分红和利润的政策，在市场中经销商要想在市场中获得最优的"返利"，必须权衡其他的经销商所获得的"返利"，选择最优的"返利"政策并且权衡市场上产品的最优价格并且实施最恰当的自我努力规划，这在直销人员选择直销公司时是至关重要的因素。同时生产商要想在市场竞争中获得竞争优势，必须权衡经销商的销售量与"返利"之间的关系。也就是说，实施"返利"政策的生产商在市场运营中和在面对其他的生产商时，生产商规定给经销商的最低的销售量会随着社会需求的增加而增加，会随着其对手提供给其经销商的产品价格的提升和产品成本的增加而增加，会随着自己提供给经销商的产品价格的降低和产品成本的降低而降低。经销商"返利经济"毕竟是一种生产商对经销商实施的激励措施，在同一种产品的市场竞争中，生产商 A 提供给经销商 A 的产品市场最优价格越高，那么生产商 B 提供给经销商 B 的最优返利水平就越低，从而导致经销商 B 的积极性的下降，其最优努力水平就会降低；当生产商 B 提供给经销商 B 的产品市场最优价格越高，那么经销商 B 的最优返利水平就越高，从而提高经销商 B 的最优努力水平。最优的政策的实施与最优的努力水平二者间的博弈是实行销售型奖金制度的直销企业获得市场竞争力的最关键因素。

消费者"返利经济"经营模式的实施主体是经销商和消费者。"返利经济"经营模式作为一种新兴的模式时，消费者针对同等产品的，在同等价位的前提下，无疑采取"返利"政策的经销商更有优势，同时"返利"政策对消费者更有激励作用，对经销商扩大市场占有率以及维护消费者的权益都有很大的推动作用。这也是现在的直销企业越来越关注自己的"返利"政策，的原因。在市场的正常运营下，经销商 A 采取最优的"返利"政策与其对应的经销商的批发价和零售商的零售价三者博弈中，不论其他的经销商是否采取"返利"政策，也不论产品的替代性，经销商 A 和其零售商依然能够从返利中获益，这正是当今直销企业普遍采取"返利"政策的原因所在。当产品间的替代性不是特别强的时候，走"返利经济"道路的经销商和零售商均获益于另一个走"返利经济"道路的经销商和零售商，堪称是共赢。当然在产品链的最末端——消费者也会从"返利经济"中受益。随着社会的进步和技术的不断更新，采取"返利经济"政策无疑是经销商一种正确与明智的选择。

(三)"返利经济"经营模式在中国的现状

在直销行业中,随着社会的发展和管理的人性化,以及考虑到追求消费者价值最大化,直销行业的经营管理措施中采取"返利经济"经营已经普遍化,并且在市场运营中得到不断完善和优化。一个健康的直销企业,它的"返利经济"经营模式是在追求共赢的目标中不断前进的。三生(中国)健康产业有限公司(以下简称"三生公司")是中国典型的采取了返利经营模式的直销企业。三生公司是消费返利联盟,是有奖金的网上加地面的连锁超市。通俗点说就是介绍消费拿提成,只是提成收入是倍增的,随着消费群体人数剧增与日俱增。在中国的直销企业中,我们分析"返利经济"经营模式主要针对已经获得中国直销牌照的采取销售型奖金制度和消费型奖金制度的直销企业着手分析:在直销企业中,因为其营销渠道的简单化,所以在这其中涉及的就是生产—销售—消费。但是有一个共同的特点就是最终都是"消费"。随着时代的发展和社会的进步,追求消费者利益最大化是营销界考虑的关键因素,直销行业也不例外。安利公司的奖金制度是典型的销售型的奖金制度,而优莎娜公司的奖金制度是典型的消费型的奖金制度,在二者的奖金制度和经营模式中都涉及"返利经济"。非常明显的是,安利公司重点放在"销售型"返利经济上,而优莎娜公司的重点放在"消费型"返利经济上。两者各有各的特色以及优缺点。在中国的直销企业中,"返利经济"的运用具有普遍性,特别是在买方市场替代卖方市场之后,这是一种趋势所在,也是维护消费者权益的表现。

四、直销商业模式"知识经济"特征

(一)知识经济概念的提出

如今,科学技术的应用与推广已经渗透到社会的各个方面,掌握一定的科技知识已经成为生产、生活的基本素养。相对于以往以自然能源开发、劳动密集工业为基础的农业经经济和工业经济模式而言，现行的经济模式虽然仍旧离不开新能源开发、劳动力等物质基础，但是，现今企业发展更多地依赖关键技术开发、品牌和销售渠道，通过技术许可、技术转让方式，把生产委托给关联企业或合作企业，充分利用已有的厂房、设备、职工来实现。知识成为各种生产要素中起关键作用的因素，以科技成果转化能力为核心的能力成了最重要的竞争力。国家的富强、民族的兴旺、企业和个人的发展，无不依赖于对知识的掌握和对创造性的开拓与应用。知识的生产、学习、创新成为人类最重要的活动，知识已成了时代发展的主流，尤其是以高科技信息为主体的知识经济体系的建立与发展，成为各经济主体的竞争点。

对于现今的经济模式的概念的定义多种多样。1970年阿尔文·托夫勒在其著作《第三次浪潮》中提出了"后工业经济"概念，1982年奈斯比特在《大趋势》中提出了"信息经济"概念，1986年英国福米斯特在《高技术社会》中提出了"高技术经济"的说法。1996年经济合作与发展组织发表了题为《以知识为基础的经济》的报告，指出"知识经济"是与农业经济、工业经济相对应的概念，在知识经济社会里，知识成为经济增长的主要源泉和动力。其中所述的知识，包括人类迄今为止所创造的一切知识，最重要的部分是科学技术、管理及行为科学知识。从某种角度来讲，这份报告是人类面向21世纪的发展宣言——人类的发展将更加倚重自己的知识和智能，知识经济将取代工业经济成为时代的主流。

在传统的经济增长理论中注重的是劳动力、金融资本、原材料和能源等物质要素，认为知识和技术是影响生产的外部因素。而在知识经济理论体系下，放弃了技术外生化的假定，更加突出技术的内生性，强调大部分技术或知识经济主体源于利润最大化的有意识投资的产物。知识经济概念体系下，高新技术产业的发展已经成为决定经济增长的第一要素。科技在各国的经济增长中所做的贡献率不断提高，明显超过金融资本和劳动力的作用。在此种意义基础上，21世纪将是知识资本经济时代，科技创新在经济发展中的贡献将越来越大。

知识经济的兴起将对企业投资模式、产业结构、增长方式和教育的职能与形式产生深刻的影响。在投资模式方面，信息、教育、通信等知识密集型高科技产业的巨大产出和展现出的骤然增长将导致对专利、版权等无形资产的大规模投资。在产业结构方面，电子商务、网络经济、在线经济等新型产业将大规模兴起，传统产业将越来越知识化、网络化。在经济增长方式方面，将更大限度地依赖资源的优化配置与再利用，注重生态可持续发展性。同时，由于知识更新的加快，终身学习和受教育将成为知识经济时代的特色。企业要想在市场竞争中立于不败之地，应该把金融资本与知识资本有机地结合起来，充分发挥知识资本在企业中的巨大潜力，不断提升企业的核心竞争力，强化产品或者服务的高附加值。

（二）斯图尔特❶知识资本的H-S-C结构

1997年，斯图尔特（Thomas A. Stewart）提出了知识资本的H-S-C结构，指出知识资本的价值体现在人力资本（Human Capital）、结构性资本（Structural Capital）和顾客资本（Customer Capital）三者之中。人力资本是指企业员工所具有的各种技能与知识，它们是企业知识资本的重要基础。这种知识资本是以潜在的方

---

❶ Thomas A. Stewart 是美国《财富》(Fortune) 杂志的一位编辑，他对知识资本理论有很深的研究，发表了许多有关这方面的论文。1991年6月和1994年10月他分别在美国《财富》杂志上发表了题为《知识资本：如何成为美国最有价值的资产》和《你的公司最有价值的资产：知识资本》的论文。1997年，斯图尔特提出了知识资本的H-S-C结构，认为知识资本由人力资本（Human Capital）、结构性资本（Structural Capital）和顾客资本（Customer Capital）构成。

式存在，往往容易被忽视。结构性资本是企业的组织结构、制度规范、组织文化等。而顾客资本则指市场营销渠道、顾客忠诚、企业信誉等经营性资产。人力资本、结构性资本、顾客资本三者相互作用，共同推动企业知识资本的增值与实现。斯图尔特指出微软公司、英特尔公司的独特价值在其雇员所拥有的知识和公司员工及制度所拥有的开发新产品的能力。

（三）直销企业中的"结构性知识资本"

由于直销企业的特殊性，直销企业对于人力资本与顾客资本的控制程度是十分有限的，因此直销固定资本集中于直销企业的结构性资本中。对此，直销经济学家欧阳文章将结构性资本分为以下三类。

第一，经管经验资本。这类知识资本主要指直销企业的管理者在从事经营管理过程中所获得的一些经验，特别是对直销企业经营活动、管理工作的一些规律性的认识及广大员工和直销员在业务操作方面的一些技巧方法、诀窍。当然所有这些都是已经被结构化的、被加以编码后存储在企业的知识库中的。

第二，知识产权资本。知识产权资本是一种权利资本，即智力成果所有者对创新性智力活动成果依法享有的权利的实现与使用所带来的知识积累、增值与无限制使用。知识产权资本又可细分为版权资本与工业产权资本。中国的直销企业一般工业产权资本多于版权资本。工业产权资本主要是直销产品的配方构成、工艺流程等。

第三，基础性知识资本。基础性知识资本是指与直销企业日常经营活动或者直销业务运作相关的一些基础性的理论、知识，包括关于直销企业自身及其直销产品与服务的基本知识、说明、介绍等。比如直销企业的产品说明书、客户服务手册、员工手册以及直销企业内部的规章制度等。

可控性强、风险小的资源要比可控性较低、稳定性较差而风险大的资源对企业的稳健经营与长远发展更为有利。而固定知识资本可以被直销企业所完全占有和控制的，是直销企业知识资本中风险最小的部分。所以增加固定知识资本的数量、提高固定知识资本的质量对直销企业的发展很有益。因为知识产权知识资本是固定知识资本的重要组成部分，这就迫使企业努力提高直销产品的质量、重视高科技产品的转化。特别是当直销企业能够将其核心竞争力或者说竞争优势建立在其直销固定知识资本之上时，直销企业对直销市场风险以及内部关键员工流失风险的承受能力将变得更强。但是，并不能因此而否定变动知识资本，尽管直销企业对变动知识资本的控制程度不强，但它们却是知识型直销企业实现固定知识资本增值必不可少的。因此，中国直销业的发展，"知识资本"尤其是"固定知识资本"因素的推动作用很大。直销市场化独特营销模式和奖金奖励制度是直销商业模式独特的"固定知识资本"，是直销商业模式区别于传统商业模式主要表现。

第三节 直销商业模式促进科技成果转化的现实依据

直销商业模式不仅在理论上具有促进科技成果转化的可行性，在实践中也有很多成功的案例。

一、直销企业促进科技成果转化的案例

（一）外资直销公司

安利（中国）公司一直是世界直销业的领先者，而中国区也是安利产品全球最大的市场，安利产品之所以在世界各地均占直销市场的很大份额，有赖于安利研发中心对产品质量的精益求精。1959年杰·温安洛先生和理查·狄维士先生创立安利公司之初就是以高科技产品——乐新多用途浓缩清洁剂（LOC）迅速发展起来的，这款产品是当时市场上率先采用具生物降解性表面活性剂的清

洁剂。2000年公司将安利、捷星、捷通合并为安达高公司后，捷通开始全面负责公司产品研发、科学研究、包装设计和质量管理等工作，研发机构主要位于美国亚达城和加利福尼亚，并拥有世界一流的科研人才和实验设备。为提高产品品质，安利公司在其总部耗资数千万美元，兴建了现代化的研发中心。

安利公司在全球设有近65个研发与质检实验室，聘有570多名专业技术人员，这些实验室每天都进行约500个研究项目，主要包括产品配方、产品评估、检测和生产流程制定与完善。截至目前，公司已取得了600余项专利，另有400余项正在申请中。在潜心研究的同时，研发中心还与大学、科研单位或相关机构保持沟通和联系，关注科技的发展趋势和市场的动态，积极借鉴和吸收各类成熟经验和技术。安利公司与全球85个商业组织、75所大学建立了技术合作关系，其中包括美国斯坦福大学、哈佛大学、中国农业大学等。另外，公司聘有200多位技术顾问，协助解决各种专业问题。

安利公司的各项研究成果、论文先后在200多种、杂志、书籍等出版物上发表，并荣获多个国际级学术奖项。例如1994年凭安利净水器荣获塑胶工程师学会颁发的"国际杰出塑料消费品奖"；1996年凭借在科研方面的成就，荣获国际成就促进学会颁发的"杰出成就奖"；1997年凭借在教育社会大众防止皮肤癌方面所做的贡献，荣获美国皮肤专科学院颁发的"金三角奖"等。

目前，安利（中国）公司投资总额达2.2亿美元，总部位于广州，并在北京及上海设有区域办公室，办公总面积超过2.8万平方米，拥有6940多名员工。安利在广州建有美国海外最大的生产基地，面积达14.1万平方米，为消费者提供纽崔莱营养保健食品、雅姿美容化妆品、个人护理用品、家居护理用品、皇后锅具共五大类198款高技术含量产品。

2008年，安利（中国）公司销售额达176亿元人民币，缴纳税款38亿元人民币。截至2008年年底,安利(中国)公司累计缴纳税款218亿元人民币,在优质产品及消费者保护方面共获嘉奖705项,五度荣膺"中国最具影响跨国企业",位列"2007~2008年度中国外商投资企业500强"。出于对中国市场的极大重视和长期承诺,2002年6月,安利(中国)公司在广州正式成立了研发中心。研发中心信守为中国消费者提供创新产品的承诺,研究发展"新概念、新技术、新产品",以支持公司发展的总体目标。2004年,为了加大研发力度,美国安利公司在上海签订意向书,意向在上海张江高科技园区再设立一个研发中心。该研发中心将专注于天然草本植物、人类健康以及时尚类产品领域的研发,为全球市场提供全面的研发与技术支持。安利(中国)公司研发中心的设立标志着安利(中国)公司已全面融入公司全球研发体系,成为其中一员,并将为中国消费者提供更多"量身定制"的产品。

安利公司重视对高科技成果的转化,对产品质量精益求精的要求,标志着安利(中国)公司"研发—生产—销售"产业链的进一步完善。

同为全球主要的直销企业之一的康宝莱公司是由马克于1980年创立,产品是以大豆蛋白为主要原料的混合饮料冲剂。1985年成立的康宝莱科学顾问委员会由著名的营养学、医学专家组成,主要为公司的产品开发提供科学指导,并定期为销售人员提供产品及营养学的培训。该科学顾问委员会将保证康宝莱公司永远处在健康科学发展的前沿,不断为客户提供最新的产品。2003年康宝莱公司捐助设立了马克·休斯细胞及分子营养实验室,该实验室设立在著名的加州大学洛杉矶分校的人类营养研究中心。这个实验室不仅将从事营养学研究、产品开发,更重要的是它将制定一系列营养学、中草药行业的科学标准。这个实验室将首次可以采用现代细胞及分子技术,分析中草药成分以及对活细胞的试验结果。1998年康宝来（中国）公司购买诺贝尔生理医学奖获得者路易斯·伊格纳罗的研究成果，成功转化以一氧化氮为卖点的夜宁新产品。

2003财年，安利公司在我国内地市场销售额高达106亿元人民币，比上一财年增长了20亿元人民币。其中仅安利纽崔莱一个品牌产品销售额就高达50亿元人民币，占了销售额的50%。而同财年，安利公司全球的总销售额为49亿美元，年度增长4亿美元。这使得我国首次成为安利在海外的最大市场。与此同时，雅芳公司的销售额为24亿元人民币，仙妮蕾德公司的销售额为10亿元人民币。

以上外资直销公司对高科技产品的追求有力地说明了它们对高科技成果转化的重视。

（二）新时代健康产业有限公司

成立于1995年3月的新时代健康产业有限公司系中国新时代控股（集团）公司的支柱产业之一。公司拥有大批专业科研人员，并与国家重点院校和科研单位建立了长期合作关系；建有符合"保健食品良好生产规范"（GMP）要求的先进生产线和现代化厂房，通过了ISO 9001认证。公司总部设在北京，是集科、工、贸为一体的健康产业集团。

新时代健康产业有限公司秉承"药食同源"中华民族文化，不断挖掘和利用中医药文化的精髓，坚持"以发展民族产业为己任，以造福人类健康为使命"的企业宗旨，致力于以生物工程技术为基础的营养保健系列产品的研发、生产和销售，充分运用高科技开发生产出"国珍"牌松、竹两大系列30余种产品。北京新时代国珍科贸有限公司是新时代健康产业有限公司境内市场的销售中心，以特许专营销售模式拓展和管理国内市场。新时代国珍研发中心，以市场为导向，采用自主研发与国内外科研机构合作研发相结合的方式，不断开发适应市场的功效好、有特色、定位明确、天然绿色、科技含量高、文化品位高、有自主知识产权、中华药食同源理论与现代科学相结合的健康营养食品。

公司开发成果先后获得多项大奖，如1998年美国国际新产品博览会及国际荣誉评奖会两项大奖：国际金奖、国际特别荣誉——对人类突出贡献奖"等。2003年，公司生产的国珍牌松花粉、松花参宝、竹康宁系列产品又被中国中轻产品质量保障中心确认为"质量保证产品"。

新时代健康产业有限公司面对日益成熟的保健品市场，在经营思路上独创了"新时代健康大课堂"，用科学知识引导消费。以天然绿色、科技含量高、文化品位高、附加值高的健康产品为支撑，在产品多元化战略的基础上，通过产学研结合的方式，联合研发并陆续推出日化产品和健康器材等，为促进科技成果转化提供了很好的榜样。

（三）深圳市月朗科技有限公司转化新材料领域科技成果

2004年，深圳市月朗科技有限公司（以下简称"月朗公司"）在研究负离子材料的应用上取得了重大突破，获得了两项国家专利。2006年，公司选择了以电子商务和直销相结合的发展模式。月朗公司在全球凝聚一批顶尖的管理和营销精英，融合了健康科技、电子商务和人际行销的最新技术。

月朗公司建有10万平方米的标准化工业厂房，拥有60多台（套）具有国际先进水平的全自动卫生巾及原材料生产设备，年产量超过30亿片，位居国内外同行业前列，并严格执行国际质量管理体系标准，产品通过了ISO 9001：2000国际质量管理体系认证。近10年来月朗公司资深专家和学者通过不懈努力，在研究负离子材料的应用和开发上取得了重大突破，极具创意地将负离子材料运用到卫生巾产品中，获得了国家专利。其中，"月月爱"负离子卫生巾系列产品被世界中医药学会联合会推荐为"高科技产品"，被中国中轻产品质量保障中心推荐为"中国著名品牌"，被中国质量领先企业专家评审委员会评为"消费者最信赖十大卫生用品质量品牌"。月朗公司凭借一流的产品与科学化的系统营销、系统运作手段，经中国香港 SGS 测试，在品牌综合竞争能力上已经达到国际领先水平。

月朗公司以"健康科技、电子商务、人际行销、国际企业"为企业定位，创下了中国卫生巾行业的产、销奇迹，从两三百万元到 2 亿元以上的月销售额只用了一年的时间。形成了"月朗效应"。其"月朗模式"也被一些企业纷纷效仿，成为业界的一大景象，为公司成功进入海外市场打下了坚实的基础。目前，公司产品远销东南亚、南美、欧洲等 50 多个国家和地区。

上述公司良好的销售业绩以及迅速发展与其重视转化高科技成果及其独特的销售模式密不可分。

当前，我国很多直销产品同质化、产品科技含量名不副实。根据不完全统计，2004 年全世界多层次直销市场 600 亿美元的销售额中，有将近 50% 的产品为保健品、化妆品，总计有 195 家公司销售这类产品，产品同质性相当高。这一现象在国内直销行业表现更为突出。在这些同质性的产品中，多为科技含量有待提高的产品，产品中凝结的高技术和知识资本因素并不多。这也导致中国直销行业对科技成果转化具有强烈需求。它们更加需要通过科技手段形成标新立异的产品，提升直销产品品质。

新产品开发是企业生命的源泉，直销企业也不例外。为了保持或提高企业的销售业绩，企业必须寻找新产品。直销企业可以通过购买或者开发来获得新产品。购买的途径可以从技术市场上获得，例如展会上获得。新产品开发可以是自主开发或者委托研究机构开发，表现形式可以是"产学研合作"模式，也可以是"订购式"。

直销企业要占领市场，一靠"品牌"，二靠"信誉"。"品牌"在很大程度上在于直销产品中的科技含量的高低，即"知识资本"的高低,"品牌"和"信誉"是密不可分的,良好的信誉是以品牌为依托的,有了好的信誉可以使直销企业拥有市场,拥有消费者,从而获得丰厚的利润。当前直销行业发展中存在的一个障碍就包括产品质量不高、不讲信誉、夸大产品作用等问题,致使出现消费者对于直销产品不信任、对直销销售人员厌烦等不利于直销行业发展的现象。要解决这一问题,就要推动直销企业转化科技成果,使直销企业提高直销产品的科技含量,做到"名副其实"。这不但可以提高直销企业的销售量,促进直销行业的健康发展,维护社会的稳定,同时也会在一定程度上提高科技成果的转化率。

二、直销行业及直销产品特殊性需要先进高科技成果

外资直销企业的产品都贴上了"专利"的标签,而中国的民族直销企业产品申请专利的很少。如果长期发展下去,中国独有的直销产品的核心技术很有可能被外资直销企业"偷"去,成为它们的专利产品。如果专利意识薄弱,中国直销企业也将吃大亏。例如,国内一家直销企业与日本一家化妆品企业合作谈判时,对方列出用于产品的10多项专利,要求我方直销企业支付高达500万美元的专利使用费。我方经调查发现,10多项专利中过期的有7项,刚申请未经审查的有2项,真正有效的专利仅1项。要有优良的产品,并且要注重产品研发是直销企业的特点之一。

诞生于2003年的天津益生生物工程有限公司(以下简称"泰达益生"),注册资金8000万元人民币,总部位于天津滨海新区。隶属于泰达旗下高科技企业天津泰达生物医学工程股份有限公司,是一家立足生物高新技术领域,以健康产业为龙头,集科研、生产、分销于一体的大型国有跨国企业,是泰达九家股票上市公司之一,也是中国第一家在香港地区和德国同时挂牌上市的生物医学工程企业。

泰达益生2005年1月介入直销，2005年8月8日，尝试以新的科技创新型经济增长方式，正式宣布进入直销行业。依托"泰达"这一优势品牌，顺应世界生物医学工程发展的潮流，泰达益生凭借在生物医学工程方面的领军地位和专业实力，坚持对生物科技、人类营养科技和保健科技进行深入研究，并以现代化的高科技工艺技术手段将全新的科研成果迅速转化成健康产品，以过硬的产品质量赢得了政府、社会各界和广大消费者的广泛支持和信赖。公司目前已经在国内30个省区，建立了千余家授权经营店，在东欧、东南亚等海外市场建立了全资分支机构，业务触角延伸至俄罗斯、白俄罗斯、印度尼西亚、澳大利亚等10余个国家与地区。泰达益生高薪聘请一批享受国务院特殊津贴的教授和专家作为中坚技术骨干，并与多家专业机构和研究所结成战略伙伴关系，承担着国家和天津市重点高新技术产业化项目的研发和生产任务。

泰达诸多的资源和科学研究的成果通过泰达益生这个载体进行整合、开发、利用。泰达益生的大豆系列产品、食用菌系列产品、个人护理系列产品、家居保洁系列产品、健康电器系列产品，以高科技含量的健康成分、人性化设计等特点驰名海内外，先后荣获国家火炬计划项目、重点高新技术产业化项目、中国营养保健品高科技成果奖、国家级新产品、全国健康食品优秀奖等多项殊荣。

三、直销企业健康发展有利于加速科技成果的推广

从直销企业中表现出来的知识资本现象可以推断直销企业要发展同样需要高科技的支撑，这也是很多直销企业扩大销量、提高认知度的关键。直销是一种由点到面、由小到大、由个人经营再逐步扩大到组织经营的经济运行模式。其优点在于建立了以人为基本单位的营销体系，把传统行业里的消费者和经营者这两种看似对立的

身份融为一体，充分调动每一个网络成员的主观能动性。当体系建立起来以后，再利用一套非常富有激励性的奖金分配制度让这个系统互动活跃起来。而这种方式正是当前我国科技成果转化系统中最欠缺的，它可以很好地解决科技成果转化中的利益分配问题。这种方式与科技成果转化活动的结合将为科技成果转化开辟一个新渠道。

随着我国科学技术的不断进步、直销市场化营销模式的发展，直销企业之间的竞争也日趋激烈，技术竞争成为中国直销市场竞争的主要方式。日常消费品所蕴含的高科技成分越来越多，高科技产品在消费品中所占的比重越来越高。面对这样的发展趋势，直销企业首先考虑到的应该是教育式推销。教育式推销，即知识资本的推销，就是在推销的同时要告知顾客这一产品最一般的常识。比如"肽"，以前消费者对它的功能、特征不是很熟悉，肽产品的使用必然受到一定程度的限制。运用直销市场化营销模式的教育式推销就会让消费者明白肽类产品的基本性能和作用。

四、众多非直销企业想凭借高科技产品进入直销市场

直销企业迅速打开市场的优势吸引了很多的传统企业。哈药集团有限公司（以下简称"哈药集团"）是国有控股的中外合资企业，拥有2家在上海证券交易所上市的上市公司和27家全资、控股及参股公司，员工2万余人，注册资本37亿元。2005年10月25日，哈药集团在北京宣布将进入直销领域，主要经营产品为保健品、化妆品和日化产品。早在2006年3月，侨鑫集团与南方医科大学就共同投资3亿元创办了东方药林药业有限公司（以下简称"东方药林"），该公司有意介入直销渠道，并向国家缴纳了2000万元的直销保证金。2007年5月，东方药林成立了专门从事直销的全资子公司东方康林。再如集制药、医疗、保健、贸易、房地产为一体的香港金日投资集团在2004年就在为进入直销行业做准备。该公司一方面在生产硬件设备上下功夫,在厦门投资 2 亿多元扩大生产基地;另一方面加大产品研发,截至 2007 年已经拥有自主知识产权、专供金日科技市场销售的新产品就已达几十款。经多年积累与努力,东方药林于 2014 年 1 月 13 日获批直销营业执照。很多事实也表明直销市场化营销模式凭借其高科技产品的确可以迅速提升销量。直销企业取得高科技产品的方法是多样的,有的是靠自主研发,有自己的专门的科研组织,有的是通过购买专利产品或专利技术,还有的是走产学研结合的道路。

第四节 推动直销商业模式促进科技成果转化的政策建议

直销市场化营销中呈现的知识资本经济特征和"互联网+"下消费资本论的崛起为直销商业模式的科学先进性奠定了理论基础,也有力地论证了直销商业模式的发展潜力。将直销商业模式与科技成果转化工作有力结合将为科技成果转化开辟新途径,打开科技成果转化工作新视野。为此,提出以下政策建议。

(一)完善现有的直销商业模式制度体系

总体来看,我国直销市场发展还是比较平稳的,截至 2017 年 6 月,已经有 85 家企业取得了直销牌照,已经形成了初步的法律法规和制度体系,有了一个运行的基本规则和监管的机制。"2009 年 2 月 28 日,十一届全国人大常委会第七次会议通过的刑法修正案(七)增设了'组织领导传销罪',为打击传销工作提供了明确的刑事法律依据,从法律上加大了对传销组织者和领导者刑事处罚力度,有利于推动打击传销工作的深入开展。同时,对威慑不法分子、规范直销行为、宣传教育群众、瓦解传销组织也具有十分重要的作用。"[1]近年来，国家制定了《直销管理条例》《直销员业务培训管理办法》《直销企业保证金存缴、使用管理办法》《直销企业信息报备、披露管理办法》《直销产品范围公告》《关于废止外商投资转型企业有关规定的公告》等法律制度，直销监管有了初步的制度体系。

直销商业模式的经营也取得了一些经济效益和社会效益。但是，直销商业模式销售场所不固定、产品流通环节短、雇用大量兼职直销员、人员流动性强和团队计酬的特点，容易导致这一行业产生制假、贩假偷税漏税、高压销售、非法集会以及金字塔式诈骗等一系列问题。直销市场鱼龙混杂的局面一直没有彻底好转，非法传销和金字塔式欺诈时有抬头。很多公司的销售人员打着合法性直销的幌子从事非法传销，招揽不明真相的加盟者。因此必须加强政府在经济生活中的监督作用，通过有关的监督活动，来保证直销业的健康发展。这种监管更多地应从法律和制度角度出发，通过相关的法律和制度建设来规范。这种监管或者立法建设更应该将重点放在对"操作"层面的，即通过立法确定什么样的操作是合法的，什么样的操作是非法的，并积极引导直销企业走依靠科技创新获得发展的道路，建设创新型直销企业。这样才能够及时地打击直销违法现象，从而保证正当直销的生存和健康发展。

（二） 积极引导直销企业走高科技发展道路

对于目前中国直销市场的发展，北京大学直销行业发展研究中心执行主任陈得发认为：中央政府在2005年出台了《直销管理条例》和《禁止传销条例》，虽然对于大部分从事直销行业多年的直销公司，特别是跨国公司来说，可能不尽满意。因为大家都知道在世界其他各地，团队计酬的多层次直销是直销业的主流。但是，我

---

[1] 国家工商行政管理总局《关于积极应对新形势新要求进一步加强打击传销规范直销工作的意见》（工商直字〔2009〕77号）。

国民众对于快速致富的过度期望，让政府感到假如直销公司用团队计酬的奖金制度进行营运，会让太多人抱着错误的期望加入直销，这其实不利于直销市场的正面发展。用短期致富和奖金制度吸收来的直销员，一方面，他们的动机不是很纯正，另一方面，他们没有认识到从事直销行业不一定就能短期致富。大家掩饰了困难，而把短期致富夸大。所以当民众抱着错误的认知加入的时候，其失望的概率更大。直销市场的正当发展最重要的是有好的产品，用产品导向吸引消费者购买产品，加入公司。而不是以短期致富的事业机会来引诱加入公司。只有规范，才能健康发展中国直销行业。

同时，我们必须面对的现实是：中国加入世贸组织必须开放直销市场。我们必须正视直销市场化营销模式存在的客观合理性，尽管由于传销借助了这种模式进行非法操作而让人们对传销深恶痛绝。我们需要认识到传销的本质主要是因为借由其所谓的高科技产品来进行非法集资。对此，如果能从控制直销产品质量这个源头上来解决问题，可以把监管直销的行为变被动为主动。把转化高校和科研院所的科技成果作为直销商业模式经营的必需条件之一或者进入直销行业的优先考虑条件，不但可以解决一部分科技成果转化难题，而且对于直销行业的发展也可起到积极引导作用，可以推进直销企业走高科技发展道路，促使直销企业成为科技成果的需求主体、投资主体、推广主体和受益主体。例如，建立独立的直销企业高新产品目录，对于符合评估标准的直销企业销售的自主创新产品给予税收减免或者政府采购政策支持。

（三）加强科技行政主管部门与直销监管部门之间的合作

我国科技行政主管部门没有涉及直销的相关规定和政策文件，科技部内设的有关科技转化的相关部门中，也没有涉及直销的任何机构和职责规定。

因此，有必要促进商务、工商行政和科技主管部门的直接合作，来共同推进直销在科技成果转化中的作用。具体的合作方面，可以集中在对直销产品的认定和许可上。以后商务和工商部门在审批直销企业设立及其产品时，要联合科技行政主管部门，对于那些具有较高科技含量的产品，对于促进自主创新成果转化的产品，应该在同等条件下，优先审批许可。也可以考虑将科技部、财政部等的《自主创新产品目录》和商务部等审批的直销产品目录进行对接。对直销企业进行动态管理，定期对直销企业的产品质量进行监管。对直销企业的产品进行评分式管理，根据它们分数的高低给予不同的处理。

第五章 "互联网+"新形势下"类直销商业模式"

第一节 "互联网+"概念

一、"互联网+"概念的产生

（一）"互联网+"概念的产生背景

互联网的概念自20世纪70年代出现以来，逐步对人类生活的方方面面产生着影响。如今，互联网正在成为与电力和道路等传统基础设施同等重要的网络空间的基础设施。它不仅可以提高信息发布的效率，而且正逐渐地建构着我们未来的生产和生活方式。在大数据应用、云计算、移动互联技术发展的带动下，互联网思维应该成为我们一切商业思维的重要考虑。互联网的网状结构模式，中心、层级结构被弱化。互联网的技术结构决定了它内在的精神是平等、分散、协同与共享发展模式。协同发展的重要基础是分散的各要素的"平等化"，共享机制可以调动积极性，更加尊重人性。从这个意义上讲，互联网经济是真正的"以人为本"的经济。推动互联网和实体经济深度融合发展，以信息流带动技术流、资金流、人才流、物资流，促进各类资源优化配置，它更符合人类的切身发展需要与方向。例如，互联网与通信产业的结合产生了微信、QQ，互联网与金融产业的融合短期之内产生了众多的"网络众筹"平台，互联网与交通领域的结合产生了Uber、滴滴打车等公司，互联网与房地产业的结合产生了小猪短租、Airbnb等公司。互联网与传统产业的结合的范围在不断地扩大，产生的影响也越来越大，这必须得到企业界、学术界和政府等各方的关注与研究。

（二）"互联网+"概念的正式提出

伴随互联网、大数据应用、云计算技术的发展，移动互联网、物联网、车联网从概念到实际应用的速度不断加速。互联网发展方向与涉及的领域已经不仅仅是信息发布与交流的简单平台，它的发展已经对传统商品实体店、制造业、金融业、房地产业、交通业等等众多的产业已经发生或者正在发生颠覆性改变。互联网产业发展正在向几乎所有的产业加速渗透，对传统产业发展模式造成很大的冲击与挑战。

我国政府对此变化发展作出了及时反映，加强研究分析。2015年3月5日，李克强总理在第十二届全国人民代表大会第三次会议上所作的政府工作报告中提出制定"互联网+"计划，强调推动移动互联网、云计算、大数据、物联网等与现代制造业结合，促进电子商务、工业互联网和互联网金融健康发展，引导互联网企业拓展国际市场。2015年7月1日，《国务院关于积极推进"互联网+"行动的指导意见》（国发〔2015〕40号）正式发布，提出"'互联网+'是把互联网的创新成果与经济社会各领域深度融合，推动技术进步、效率提升和组织变革，提升实体经济创新力和生产力，形成更广泛的以互联网为基础设施和创新要素的经济社会发展新形态"。

二、"互联网+"的本质与特点

（一）"互联网+"的本质

从表面上看，"互联网+"表现为依托互联网信息技术实现互联网与传统产业的融合，优化了各生产要素之间的信息操作效率，重构了商业模式；从本质上来讲，它是要将人类生存所依赖的各类环境与资源放到"云端"，将各类"需求"与"供应"进行重新优化配置,力争做到"各尽所能、各取所需",实现社会财富重新分配。这对传统产业的发展提出了挑战,同时互联网技术的"平等、分散、协同与共享发展模式"使得跨界生存成为可能,"多重身份"使得人类价值得以充分体现,并得到相应的价值回报。"互联网+"在提高人类经济发展层次的同时,将更加注重对于人类自身需求与能力的开发与利用。

(二)"互联网+"的特点

1. "互联网+"约等于链接一切

目前出现的比较有影响力的"互联网+"现象有:互联网+书店=当当、亚马逊网上商城等;互联网+实体商铺=天猫购物、苏宁易购等;互联网+房地产中介=小猪短租、Airbnb等;互联网+出租车=滴滴打车、Uber等;互联网+金融=草根投资、京东众筹等;互联网+洗车行业=呱呱洗车、爱洗车等。众多的传统行业已经认识到"互联网+"的重要意义和影响力,加快了"互联网+"战略与模式的布局。

2. 线上与线下相结合

从互联网线上发布信息、指令、完成交易,最终的目的是实现线下的体验。将虚拟现实转化为真实的生产与生活方式。由于智能手机的普及,以及物联网技术的发展,人们可以在相关的移动互联客户端简易便捷地从网上实现工作中相对更高成本、高消耗等复杂活动和生活方面的切实需求。

第二节 "互联网+"形势下分享经济的繁荣

一、分享经济的含义

(一)分享经济现象

自2013年起,以美国Airbnb、Uber、TaskRabbit,中国滴滴出

行、小猪短租、人人贷、全通教育，加拿大拼车平台 Blan Cride、借贷平台 Borrowell、英国借贷平台 Zopa 和 Funding Circle、在线教育平台 Mooc-Futurelearn 等为代表，几乎遍布全球地同时出现一种整合对接供需双方需求的互联网平台，这类平台整合对接的资源突破了以往的思维模式，以充分发挥利用现有个人私人财产、智慧和技能来满足社会个体或者相关组织需求为主要目的，意在盘活整个社会资源，使得人尽其才、物尽其用。

(二) 分享经济概念

据统计，2015 年以 Airbnb、滴滴出行、Uber、Zopa 等为代表的类似互联网平台在全球取得爆发式发展，全球的市场交易规模约为 8100 亿美元。基于这类平台对接资源供给方私人资源的特点，使用往往是在不变更所有权的前提下，企业界、科研领域一般称这种新兴起来的经济商业模式为"分享经济"。

追溯字面形式的"分享经济"概念来源，我国经济学家李柄炎教授在《社会主义成本范畴初探》和《劳动报酬不构成产品成本的内容》两篇文章中提出"社会主义分享经济理论的核心观点"。国外方面，美国经济学家马丁·劳伦斯·韦茨曼（Martin Lawrence Weitzman）出版的《分享经济》中提出分享经济概念。但是，仔细阅读其内容可以发现，两位学者所谓的分享经济理论是基于微观的企业行为，指的是经济发展动力不足的条件下，倡导一种新的利益分配制度和财税政策，以建立新的企业经济发展刺激结构和机制，核心是研究工人与资本家如何分享企业收益的问题。

可以说，当今红遍全球的分享经济是在上述两位学者"分享经济概念"的基础上发展而来，只不过其分享的不是已经产生的收益，而是在分享时才产生收益。当今的分享经济是一种以"互联网+"为基础的、在不增加新供给的条件下，以充分利用社会闲散资源为出发点，推动人类社会生存所需。发展分享经济可以减少对新能源的开发和利用，在全球经济供给过剩条件下是一种刺激经济增长的创新商业模式。

（三）分享经济发展面临的主要问题

任何形式的分享都需要一定程度的信任，无论是与人分享自己固定的房产、私家车、技术，还是经验教训。在政府还没有找到有效的干预措施之前，在线声誉信息的收集为保障消费者的安全消费提供了可供借鉴的依据。

分享经济中税收制度的执行问题也存在许多难点。分享经济非传统劳动力的特点是灵活就业、不固定、分散。在现有的法律框架下，无论是对分享经济公司还是对独立的承包商，在税收义务方面都没有明确的规定。

分享经济中个体户或者职业自由人，通过分享经济平台从事全职或者兼职的工作。这在一定程度上增加了就业率，但是灵活的工作机制也给政府如何为他们获得固定职员专属福利待遇提出了挑战。

二、分享经济在全球的发展情况

（一）美国

美国是个创新的国度。2012年，以沃尔玛高管安迪·鲁宾创建Yerdle二手物品交易平台为爆发点，之后以Airbnb、TaskRabbit、Snap Goodse等为代表的分享经济平台雨后春笋般兴起。对于分享经济发展，在联邦层面而言，并没有统一立法，也没有出台相应的政策。各州、地方政府对分享经济的做法有所不同，其中50%的城市表示对分享经济不采取任何监管措施，30%的城市表示希望可以和原来的经济模式一样进行监管。但总体持乐于支持分享经济态度。

普华永道调查结果显示，美国分享经济主要集中在娱乐和媒体、汽车与交通业务、房地产业、金融以及零售业领域。曾参与过分享经济的成年人中，57%的美国人表示对分享经济很感兴趣并会关注其发展，72%的美国人表示将来会参与到分享经济潮流中。参与分享经济的人群年龄分布以中青年为主，比例在50%左右。

(二) 英国

也许是受到金融危机给英国带来的经济不景气的影响，英国的虚拟经济和实体经济都面临半个世纪以来最冷寒冬，分享经济在几乎不增加新投入的情况下，可以很好地满足现有生活需求，或者获得一份可观的收入。这让英国人对分享经济很是认可。2014年，有64%的英国人参与了分享经济活动，25%的人利用网络和移动应用参与，分享经济参与者年龄集中在35~44岁的中青年群体，而且参与者职业范围没有特别明显的特征。

2014年9月，英国商务部对英国的分享经济发展情况进行了一项独立调查研究评估，意在找出并扫除分享经济发展所面临的障碍，推动英国尽快成为"分享经济全球中心"。2014年11月，英国独立研究报告《开启分享经济》提出30多条鼓励分享经济发展的政策建议。2015年3月，英国政府下属的商业创业和技能部对此作出回应，发布一揽子扶持分享经济的政策，标志英国迈出成为"分享经济全球中心"的第一步。

(三) 加拿大

相对于英美等国，加拿大的分享经济仍处于新生起步阶段。分享经济主要以美国Airbnb、Uber等国外企业为主，本土企业在私厨、借贷、职业平台等领域较为典型，如技能分享平台Jobblis、线上个人借贷平台Borrowell、拼车平台Blan Cride等。加拿大政府认定这是经济发展的新路线，并且相信其发展潜力巨大，虽然政府还在沿用现行的监管法规，但是安大略省已经发表声明表示将大力支持其发展，并提出6项具体的促进分享经济发展的建议。

(四) 欧洲主要国家

欧洲在2008年的金融危机后面临欧债危机，分享经济模式以现有资源为基础，在全力整合需求和供给方资源的条件下，增加了普通劳动者的收入来源，为一部分人灵活就业提供了方便，给欧洲人暗淡的生活节奏和模式带来了一股春风，分享经济逐渐向各国蔓延开来。其中欧洲南部国家最乐于参与分享经济，其次为北欧和东欧，以德国为代表的西欧国家人参与热情相对较低。

三、我国分享经济的发展特点

（一）市场发展潜力巨大

作为全球人口最多的国家，分享经济在中国发展潜力巨大。据统计，截至2015年12月，我国手机网民规模达6.20亿人，是移动互联网民拥有数最多的国家。另据尼尔森2013年在全球开展的分享经济专项调查，94%的中国受访者都愿意参与到分享经济之中。当前，我国以滴滴出行为代表的，在交通出行方面的分享经济发展势头最为强劲。截至2014年年底，全国专车市场规模已经达到近30万辆，具有拼车意愿的私家车数量高达4000多万辆。同时在旅游住宿方面游天下、途家、小猪短租等类似平台也迅速发展，得到风险投资的认可。分享经济"闲置就是浪费""注重使用权而非拥有权"的理念渐入人心，分享经济开始在很多领域蔓延开来。例如在金融领域的人人贷和追梦网、在时间和技能分享领域的技能银行和约单、在教育领域的全通教育等。

（二）良好的政策支持环境

我国政府十分重视分享经济的发展。2015年中共十八届五中全会报告中专门提及"分享经济"一词。李克强总理指出，目前全球分享经济呈现快速发展态势，是拉动经济增长的新路子，通过分享、协作的方式搞创业创新门槛更低，成本更小，速度更快，这有利于拓展我国分享经济的新领域，让更多的人参与进来。2016年全国"两会"政府工作报告中两次提到"促进分享经济发展""支持分享经济发展"。这反映出中央坚定的支持分享经济发展的态度。

(三) 完善的技术支撑条件

从对分享经济的概念辨析中，我们可以发现分享经济的发展是以移动互联、大数据分析等电子信息技术发展为基础的。2016年1月22日，中国互联网信息中心发布的第37次《中国互联网发展状况统计报告》显示，截至2015年12月，我国网民规模达6.88亿人，互联网普及率为50.3%，我国手机网民规模达到6.20亿人，网民使用手机上网人群的占比升至90.1%。

市场巨大，资本追捧，政策给力，从产业发展角度来看，分享经济在中国已经步入了黄金期。当下，有的细分领域开始萌芽，有的细分领域高速成长，有的领域面临爆发期……这些现象意味着分享经济未来有巨大的发展空间。

第三节 分享经济"类直销商业模式"

一、"互联网+"新形势下直销商业模式发展趋势

新时代背景下，直销行业发展的外部环境已经发生深刻的变化，特别是随着移动互联、电子商务以及电子支付系统等技术的迅猛发展，传统的商业循环系统已经改变，快消品的供应链重组模式不断更新，消费者越来越倾向于网络购物。2014年"双十一"，阿里巴巴一天就创造了571亿元的成交纪录。阿里巴巴创造的这个奇迹使得国内电商热潮迸发到极点。与此同时，传统的实体店铺频频出现关店潮，商业地产风光不再。即便是近几年一直保持增长势头的直销行业，也感到危机重重。

越来越多的直销企业意识到互联网战略思维的重要性，如何与电子商务融合发展成为当今直销企业的关注点。在互联网冲击下，当前直销行业面临着营销模式的变革。阿里巴巴集团副总裁、阿里研究院院长高红冰认为80后、90后互联网"原住民"将成为引领

互联网消费的主力军，因为他们天然带有互联网思维方式，他们将指引直销产业未来的发展方向。

不可否认的是，直销商业模式是最早以社交网络进行商业营销的。但是移动互联、大数据分析、云计算技术的快速发展引起的商业模式变革仍然让直销企业感受到巨大的压力。

其实，全球直销行业都在关注互联网对于直销行业的影响。在世界直销协会联盟2014年会上，互联网对于直销行业的影响已经被列为重要议题。世界各地直销企业家们都表达了对于网络营销对直销商业模式造成冲击的忧虑。安利、新时代、玫琳凯、无限极、三生等公司均表示要顺势而为，加强直销商业模式与互联网营销的融合发展，要在直销行业的既有优势基础上挖掘直销商业模式的独特价值。

互联网对于直销商业模式的冲击是客观存在的，与基于互联网的电子商务相比，直销业是传统产业，互联网的发展会推动直销产业进行新的价值创新、推进其升级。北京大学中国直销行业发展研究中心副主任杨谦提出直销企业应树立互联网战略思维，以数据挖掘、异业联盟、社交连接、娱乐营销思维去提升企业的竞争力，拥抱互联网。❶

2015年8月2日，安利公司在广州发布其"2025战略"。安利大中华区总裁颜志荣宣布安利公司将正式启动营销人员移动工作室。"移动工作室"由安利公司统一设计开发并提供后台运营，类似于营销人员开办的一个微店。这些微店将与微信生态系统结合，与现有的"安利云服务"微信服务号、安利数码港APP等移动网络营销渠道，连同其线下家居送货系统，共同构成安利公司的移动

---

❶ 拥抱新经济　控制新价值："互联网发展对直销行业的影响及行业对策"研讨会在北京大学举行［EB/OL］．(2014-12-03)．http：//dmphbs.pku.edu.cn/index.php？m=content&c=index&a=show&catid=6&id=11.

社交电商平台。通过这三个移动端的任何一个渠道，都可以实现线上购买产品、会员注册。营销人员则可通过这些渠道实现移动互联网上的产品销售、客户服务、业务管理等。

如何正确认识和把握"互联网+"条件下直销行业的发展趋势，不仅是直销企业的关注点，这种影响带来的商业业态融合发展的趋势也给监管部门带来新的思考，正在引起有关监管部门的重视。

二、"类直销商业模式"的含义

第三章对直销的定义与分类部分，提及直销有狭义和广义之分。广义上的直销，根据直销过程中有无面对面的销售人员与顾客的沟通，分为人员直销和非人员直销，非人员直销又可以分为直效营销（Direct Marketing，直复营销）和自动销售（自动售货机销售）。直效营销包括购货目录营销、邮购营销、电话营销、传媒（电视、杂志、报纸）营销、展示营销以及当今的网络营销。从此种意义上理解，现今的电子商务B2C、C2C以及O2O网络营销模式是属于广义的非人员直销类别下的直效营销的一种。由于互联网技术的发展，直销营销的网络营销模式对于直销行业的影响越来越大，在具有直销商业模式一般特点的同时，又有与传统各行业相互融合的特点，为了区别于传统的主要通过人员进行营销的狭义的直销商业模式，并突出"互联网+"大背景条件，在此将"类直销"定义为：互联网条件下不通过商场或零售店，而是通过B2C、C2C以及O2O等新兴网络营销模式直接向消费者推销产品的营销模式，并将直销商业模式独特的奖励制度运用其中。

三、滴滴打车软件产生的背景

改革开放以来，我国经历了世界历史上规模最大、速度最快的城镇化进程，取得了举世瞩目的成就。但是，城市环境资源承载能

第五章 "互联网+"新形势下"类直销商业模式"

力的有限性和广大人民群众不断追求高品质生活需求的矛盾日趋加深。空气环境恶化、交通拥堵成为很多城市普遍面临的问题。为更好发挥城市带动整个经济社会发展的重要引擎作用，2015年中央城市工作会议在作出我国城市发展已经进入新的发展时期科学判断的基础上，提出我国城市建设要"贯彻创新、协调、绿色、开放、共享的发展理念，坚持以人为本、科学发展、改革创新、依法治市，转变城市发展方式，完善城市治理体系，提高城市治理能力，着力解决城市病等突出问题，不断提升城市环境质量、人民生活质量、城市竞争力，建设和谐宜居、富有活力、各具特色的现代化城市，提高新型城镇化水平"的新要求。

智慧交通系统是建设智慧城市、实现新型城镇化的重要组成部分。智慧城市综合运用新一代智慧信息和通信技术，以智慧的理念建设、管理、发展城市，高效地发挥城市带动全社会经济发展的作用，是以人为本的绿色、创新、可持续发展城市形态。❶其核心是要围绕着如何建立一个由新工具、新技术支持的涵盖政府、市民和商业组织的新型城市生态系统，让城市迈向更安全、便捷、高效、绿色、健康的和谐发展之路。❷从应用的视角看，智慧交通通过将智慧的技术应用到交通治理方面，通过共建共享等实现人、车、路的全面感知、全面互联。基于移动互联的打车软件技术是这一模式的应用典型案例。

从2012年起，在全球范围内兴起一股以"共享、分享"为特点的、整合利用闲散车资源的新经济模式。滴滴打车、快的、嘀嗒拼车、51用车等平台相继出现，但以"滴滴出行"打车软件市场

---

❶ 宋刚，邬伦. 创新2.0视野下的智慧城市［J］. 北京邮电大学学报（社会科学版），2012（4）.
❷ 陈博，高光耀. 智慧城市的建设路径、核心和推进策略研究［J］. 管理现代化，2013（1）.

占有率最高。这种"互联网+"新经济模式把闲置的资源分享给恰有此需求的人,从而使得资源配置得到优化。在这种新经济业态下,不用改变当前道路交通硬件设施,只需通过智能手机上的信息对接平台,就可以为供需双方建立联系,并通过微信或者绑定支付卡的方式快捷支付交易成本。在降低有车一族人群出行成本的同时还加大了众多有消费潜力并期待提高出行质量人群的幸福指数。类似共享平台的运行在一定程度上减少了路面车辆总量,减少了汽车尾气排放量,同时还能有效缓解上下班高峰时段、雨雪天气情况下及租车聚集地出租车需求与供给不足的矛盾。根据清华大学《打车软件经济与社会影响调研报告》分析,2013年北京出租车空驶率为40%,安装了滴滴打车软件后,90.3%的司机降低了空驶率,41.2%的司机认为下降幅度为10%~30%。如果全国出租车都能下降20%,可减少碳排放1000万吨,相当于10亿棵树的生态补偿效果。

四、"类直销营销模式"在滴滴市场开拓中的应用

滴滴出行为了开拓市场,吸引更多的乘客和司机加入到滴滴出行网络平台,实施了创新的市场开拓战略:将乘客和司机作为市场开拓的重要力量,让司机和乘客成为市场推广的一员。这是充分吸收和借鉴了直销市场化营销和消费资本论思想的精华,并将其作为其开拓市场的利器的有效应用案例之一。

一方面,通过首单免费或者等同免费的方式吸引第一批乘客,再借由已有乘客渠道通过"分享"返券形式激励其推广滴滴出行客户端,或者当其推荐的新乘客加入乘车队伍后给予相应的报酬。此外,按照乘客乘车里程进行积分,积分可以兑现成打车券或者购买其合作商家产品,以激励其持续应用软件。

另一方面,对于司机端的激励,司机推荐新司机加入有推荐奖,并根据新加入司机一定时间内的业绩给予同等金额的激励,同

时对司机端设计单日、单周、单月的阶梯式的奖励标准，激励司机提升业绩，以获取滴滴公司提供的奖金。

滴滴出行这样的市场开拓激励模式与直销商业模式有类似之处，但是又与直销商业模式有本质的区别。滴滴出行软件公司的主要盈利模式是依托搭建之平台，自己并不拥有供需双方交换的商品，获取流量、广告入口，在获取庞大的资金流后以期投资其他朝阳行业，业务抽成只是其盈利模式的一部分，是典型的轻资产O2O商业模式，以其达到平台效应。而传统的直销行业是将自己定位为商品供给方角色的，主要是以销售产品为主要盈利点。但是滴滴出行充分吸收和利用了消费资本论中消费者的消费同时是对企业发展投资的理念，消费者应当在一定期限内得到相应的回报。并且，滴滴出行对消费资本论作了更深入的探索与应用：将平台利用的供需双方都作为其消费者，并将其纳入公司市场开拓队伍，对其推广和消费行为马上给予回报，并利用消费积分、服务和消费评价机制增加与消费者之间的黏性联结，稳定顾客群。

第四节　"顺风拼车"计价标准探索

21世纪以来，国内外学者对出租车或者私家车合乘的相关研究逐渐增多。主要分为对合乘发展现状与趋势、组织模式等定性研究，对合乘各方计价利益分配机制模型研究，再有就是对合乘路径选择方案的研究。

从文献类型数据量看，对于合乘费用结算方法研究的文献最多，而且大多采用偏袒乘客利益的计算方法，对于出租车司机利益考虑较少或者考虑不足。崔凯❶在考虑到乘客和出租车司机双方的

---

❶ 崔凯.具有拼车功能的出租车计价器算法探讨［J］.长春师范学院学报，2014（2）.

利益的基础上,将合乘人数分为两人、三人、四人三种情况,并根据合乘情况给予合乘者75%、60%、50%折扣。覃运梅、石琴❶对于静态组合下多人合乘,提出建立合乘查询系统,并应用Floyd算法求出多人合乘情况下,不同乘客所需费率。应朝龙、赵剑峰、刘海滨❷介绍了动态情况下具体的合乘计价器的电路组成和主要工作原理,并设计开发目的地中文输入、输出系统,对合乘各方分别打折计费。其创新点在于在计价器系统中增加中文目的地输入和输出系统,使合乘行为不局限于静态形式,但是其计价原则有悖于心理行为学:在增加了出租车司机运营成本情况下,没有增加其收入,不利于合乘行为的实施。

郭瑞军、王晚香❸利用矩阵迭代法解决了动态组合情况下两人合乘最短路径选择问题。美国学者胡斯·哈迪、马斯里·查迪等人,提出一种利用无线网的调度算法优化共享出租车配置的客运方式,是对于出租车司机和乘客都有利的出租车服务系统。该系统是基于服务器接收乘客请求并有效对接相关出租车司机使用的智能手机的GPS功能和互联网接入(3G或WiFi热点)功能。并根据服务器接收到的乘客和出租车司机具体位置信息运行一个新的调度算法,确定最佳的出租车来接送每个乘客,并为指定的出租车提供最佳的上、下车路线。中国香港科技大学研究者发表有关于出租车服务的非线性计价研究,提出针对整个香港地区出租车市场的基于帕累托改进原则的票价修订方案及设计模型,其主要侧重技术经济学

---

❶ 覃运梅,石琴. 出租车合乘模式的探讨[J]. 合肥工业大学学报(自然科学版),2006,28(1):77-79.

❷ 应朝龙,赵剑锋,刘海滨. ZH-CJ1出租车合乘计价器设计[J]. 电子测量与仪器学报,2002:1056-1062.

❸ 郭瑞军,王晚香. 基于矩阵迭代法的出租车合乘最短路径选择[J]. 大连交通大学学报,2011(4).

研究论证分析。

在专利文献方面,有关小型交通运输工具合乘及计价的相关申请文件也很多。例如,苏大庆❶提出一种根据单乘、双人合乘、三人合乘及四人合乘等不同合乘条件下的不同起步价,扣除由于合乘引起的绕行里程计费,按不同合乘人数及不同人数下的不同合乘里程分别计费的模型,并设计带有运营显示灯和顶标显示牌及显示输入的出租车合乘计费情况的显示系统。浙江工商大学❷提出通过其控制系统与无线信号发送接收模块与交通运输管理中心进行数据信号的传输与接收,获得合乘及取消合乘授权,再通过交通运输管理中心在特定时段路段授权出租车合乘时针对合乘的乘客进行分别计价。在计价方法上,根据合乘人数的多少对合乘路程部分费用给予不同折扣率,并规定合乘人数越多折扣也越大的原则。此发明专利具有多屏显示价格功能,降低了单个乘客的运营成本,提高了出租车司机收入。与其配套的系统包括无线付费模块、多路费用显示模块、掉电存储模块和里程传感器。申请于 2003 年的日本专利 JP2004295576A 提出了一种合乘调度方法和装置,提及了有预设的折扣率的设计细节,但没有提及可对比的模型。该专利应用于预约型的乘客合乘,试图以此降低成本。此外,崔建明❸提出了一种出租车合乘计费系统及计价方法,它由挂于车内的手持输入器、安装在车顶上的显示屏和安装在车内的计价器三部分组成。拼车计价时,将乘车里程划分为起步里程和起步外里程,其中起步外里程再根据同时乘车人数划分为独乘里程、双人合乘里程和三人合乘里程计算。

可以说有关出租车或者私家车合乘的理论研究及技术方案已经比较全面,涉及基本原理、发展趋势、技术开发等。笔者也基于

---

❶ 苏大庆. 出租车合乘计费及显示系统:2006101123945 [P]. 2006-09-04.
❷ 浙江工商大学. 智能合乘计价器:2011102910968 [P]. 2011-09-29.
❸ 崔建明. 出租车合乘计费系统及计价方法:2011102518717 [P]. 2011-08-30.

商业模式创新的未来——基于科技成果商业化的视角

2010年起的持续调研和阶段性研究论文成果，于2015年取得一项发明专利——ZL2013100558795（见图5-1）。

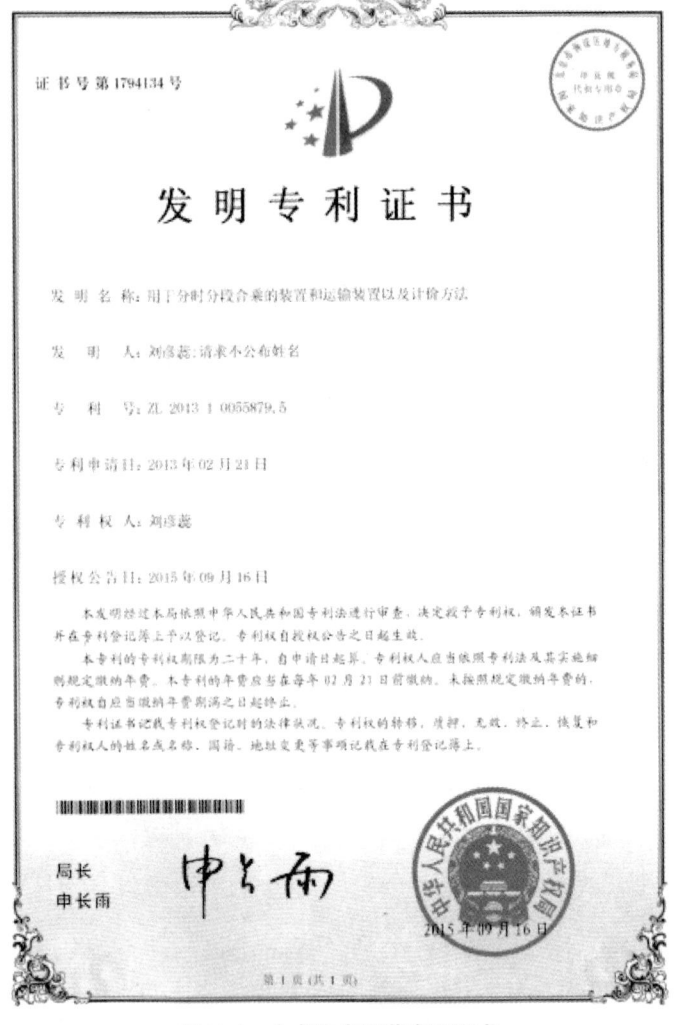

图5-1 本书作者所获专利证书

第五章 "互联网+"新形势下"类直销商业模式"

随着移动互联网技术的不断深入与发展,以及全球化开放、共享、绿色、生态发展理念的不断深入,2012年起,以美国Uber、中国滴滴出行打车软件为代表的新兴出行方式兴起,现在多人拼车业务已经成为滴滴出行平台的重要业务之一。本节内容主要是基于原来朴素研究方法和思路基础上用更为科学、更为规范的方法对原有解决方案作的优化研究,以期对于汽车共享研究以及相关企业提供可供借鉴素材。

一、问题分析

（一）智能合乘打车软件兴起和发展的背景

受美国得克萨斯州立大学社会学教授菲尔逊和伊利诺伊大学思潘斯教授1978年"分享经济"概念的影响,在发达国家,随着经济危机和油价的不断上涨,为了省钱或者环保,选择"拼车"的人也越来越多,如美国、德国、法国、日本、新加坡、韩国等国家多采取政策鼓励措施,引导和激励大家共享合乘。相当长一段时间内,由于相关技术发展的限制,合乘现象只是在一定范围内的小众行为,以协作、合作消费为特征的"分享经济"并未引起人们太多的注意。[1]但是随着移动互联、云计算技术的深入发展,以及2010年英国学者雷切尔·布茨曼《我的就是你的："合作式消费"的兴起》等相关"分享经济"理论研究的推进,以网络众筹、在线短租房屋及Uber和滴滴打车为代表的分享经济模式快速发展,将原有的小众行为推广开来,对传统的金融、酒店、零售实体店以及出租行业的发展造成很大的冲击和影响。

2010年美国《时代》杂志将分享经济列为未来影响世界的十大理念之一。现实需求和技术的深度应用快速地推动了Uber及滴

---

[1] 颜婧宇. Uber（优步）启蒙和引领全球共享经济发展的思考［J］. 商场现代化, 2015（19）：13.

滴出行模式的兴起。但是，从目前滴滴及 Uber 实践看，滴滴出行、嘀嗒拼车以及 Uber 多是一对一的拼车模式，即使近期滴滴出行、嘀嗒拼车已经上线多人拼车功能，但是从目前观察结果看，效果并不理想，而且，合乘计价标准明显地不科学。据 2012 年年底媒体报道，南昌在部分出租车上试行拼客做法，在出租车上安装了新型的"合乘计价器"，乘客可以拼坐一辆车并分别打印发票。但是，据当地出租司机反映，在计价标准上，由于合乘行为司机的收入反而会减少。比如他的车是 6 元起步，从洪城客运站直接到火车站打表 11 元上下，但如果在中途又搭载了一批到坛子口的乘客，这两批乘客各自都只要支付 3.6 元起步价，再加上超出的起步 2 公里的费用，最后总计只 9.8 元上下，这样司机还少赚约 1.2 元。现行的滴滴拼车，对于合乘各方采取在原来计价标准之上打折计算，有时为了激励乘客，甚至号称四折优惠，司机端由于有后期的奖励补助和每日累计业务单数奖，司机一般还是愿意接受拼车行为的。但是，按照滴滴出行现行的打折计费标准，一旦滴滴出行平台取消原有的奖励政策，司机也许会因为多拉乘客而"得不偿失"，客观存在的潜在拼车出行意愿也将渐渐地隐去。

在我国，对于多人合乘的研究方案已经比较成熟，但是都未见很好地实施。其主要原因在于合乘计算方法上利益分配与激励机制有失完善，并且缺少相关政策支持。依据经济学帕累托效率改进原则以及心理行为学相关知识，在不损害任何一方利益的情况下使得多方受益的"J-R 合乘计价模型"❶则更为科学合理。模型采取"共乘分摊，多方受益，不共不变，简单方便"的原则。"共乘分摊，多方受益"即只要合乘发生，合乘行驶路段产生费用就由合乘多方共同分担，合乘中每个乘客所支付的费用都应不大于单乘时

---

❶ 刘彦蕊. 用于分时分段合乘的装置和运输装置以及计价方法: 201310055879.5 [P]. 2015-09-16.

应支付的费用,在原来计价标准上采取打折计算方法计算相关费用。同时兼顾司机的利益,确保司机的收益随乘客数量的增加也相应提高。先上车者由于出让了一部分的乘车空间,所以在合乘路段计费标准上比后上车者享受更多折扣。"不共不变,简单方便"即在没有合乘情况下单个人的乘车费用标准是不发生变化的。除此之外,模型中的折扣结构还需要确保在不同的合乘情况下司机收益率保持一定变化幅度,这样是为了避免司机为获得更高收益而选择拒载。

假设:

c_i 表示第 i 个乘客的费用($i = 1, 2, \cdots, n$);

P 表示当前计价标准;

r_{ij} 表示第 i 个乘客第 j 个状态的费率($j = 1, 2, \cdots, n$);

L_{ij} 表示第 i 个乘客第 j 个状态下的行程。

则合乘情况下,第 i 个乘客费用应为:$c_i = \sum_{j=1}^{n_i} Pr_{ij}L_{ij}$。

这样,只要通过建立模型,找到适当的 r_{ij} 折扣组合即可。

(二)合乘情况分析

构建模型之前,要依据客观条件对可能出现的合乘情况进行分析。首先,每辆出租车最多可承载 4 名乘客,每组乘客上车顺序有先有后,每组乘客人数可多可少,进而分析得到乘客依据上车顺序可能出现的所有情况,如表 5-1 所示。

表 5-1 上车可能出现的情况

	A	B	C	D
1	●			
2	●	●		
3	●	●	◆	
4	●	●	◆	★

续表

	A	B	C	D
5	●	●	◆	
6	●	◆	◆	
7	●	●	●	
8	●	●	◆	◆
9	●	●	●	◆
10	●	●	◆	◆
11	●	●	◆	●
12	●	◆	★	■
13	●	●	◆	★
14	●	●	●	★
15	●	◆	★	★

注：●表示第一组乘客情况，◆表示第二组乘客情况，★表示第三组乘客情况，■表示第四组乘客情况。A、B、C、D分别表示A、B、C、D四个不同的人。

其次，相关的资料表明，中国大部分城市出租车的计价标准基本都包括起步价和标准费率两部分，也有部分城市还包括了远程费率、低速行驶费用及夜间作业补贴费。即不同的里程阶段，费率也不相同。因而在以上每种合乘情况下，每组乘客不同的行程组合也会直接影响司机的收益率。可以构建包括三种行程计价标准的计价模型。表5-2列出了此种计价模型全部15种行程组合。

表5-2　15种可能的行程组合

行程组合	A	B	C	D
1	1	1	1	1
2	2	1	1	1
3	2	2	1	1
4	2	2	2	1

续表

行程组合	A	B	C	D
5	2	2	2	2
6	3	1	1	1
7	3	2	1	1
8	3	2	2	1
9	3	2	2	2
10	3	3	1	1
11	3	3	2	1
12	3	3	2	2
13	3	3	3	1
14	3	3	3	2
15	3	3	3	3

注：表中灰底的数字表示某乘客所处行程阶段，1表示起步行程阶段，2表示标准行程阶段，3表示远程阶段。例如行程组合10表示A和B处于远程而C和D处于起步行程阶段。

综合表5-1和表5-2，可以得到合乘中可能出现的所有情况。

二、模型的建立

根据以上设计原则和分析可知此模型为一个非线性规划模型。模型的建模思路：依据帕累托效率改进原则，在不损害任何一方利益的情况下，随着人数的增加司机的收益相应提高；合乘乘客因为出让一部分乘车空间，为补偿乘客利益采取对其打折收费；并且先上车乘客总比后上车乘客享受更多折扣；为避免司机选择性地拒载乘客，在满足以上约束条件下使得各种合乘情况下司机收益率的标准差最小。

（一）符号及变量说明

根据出租车计价标准作出如下假设：

Q_{ij} 表示在起步行程中第 i 个乘客在第 j 个状态下享受的折扣;

G_{ij} 表示在标准行程过程中第 i 个乘客在第 j 个状态下享受的折扣;

Y_{ij} 表示在远程行程过程中第 i 个乘客在第 j 个状态下享受的折扣;

M_{ij}^1 为在起步行程中乘客 i 在第 j 个状态下的行程 (km);

M_{ij}^2 为在标准行程中乘客 i 在第 j 个状态下的行程 (km);

M_{ij}^3 为在远程里程中第 i 个乘客第 j 个状态的行程 (km);

C_{ij} 为第 i 个乘客在第 j 个状态行程需承担其他费用享受折扣;

C_x 乘客需要承担的其他费用,如高速过路费、道路绕行费。

并且,

L^0 表示起步里程 (km);

Q 表示起步价 (元);

G 表示标准费率 (元/km);

L'' 表示远程里程开始计算里程点 (km);

Y 为远程费率 (元/km);

Q_i 表示乘客 i 在起步行程中所付费用,如果合乘实际总行程不超过起步行程,计价标准是需要选择当前合乘情形下所享受折扣率乘以起步价与当前情况下乘客需付费率(起步价除以起步里程)乘以当前计价行程两者当中数值较大的。则有:

$$Q_i = \max(QQ_{ij}, \frac{Q}{L^0}M_{ij}^1)$$

C_i 表示第 i 个乘客需付费用,则有:

$$C_i = \sum_{j=1}^{n_i} Q_i + \sum_{j=1}^{n_i} GG_{ij}M_{ij}^2 + \sum_{j=1}^{n_i} YY_{ij}M_{ij}^3 + C_x C_{ij}$$ (n_i 表示乘客 i 在各个行程中经历组合数)。

R_{ij}^t 为第 i 个乘客在第 j 个合乘状态下,第 t 个行程组合中,所面临的正常费率 (元/km);

V_{ij}^t 为第 i 个乘客在第 j 个合乘状态下,第 t 个行程组合中,享受的折扣率;

E_j^t 表示在第 j 个合乘状态下,第 t 个行程组合时,司机获得的收益率;

$E_j^t = \frac{1}{R_{ij}^t} \sum_{i=1}^{s_j} R_{ij}^t V_{ij}^t$,其中 s_j 为在第 j 个合乘状态第 t 个行程组合下的乘客数(人);

E_j 表示在第 j 个合乘状态下,司机的平均收益率;

$E_j = \frac{1}{m_j} \sum_{t=1}^{m_j} E_j^t$,其中 m_j 为在第 j 个合乘状态下的行程组合数。

(二) 目标函数

如果在某种合乘情况下司机收益过低,司机可能会选择性拒载。因而,要让所有合乘情况下每公里最低收益率的标准差最小化,才能保证合乘方案有条不紊地实施。

因此需要满足以下条件:

$$\min \sigma = \sqrt{\frac{1}{N} \sum_{j=1}^{N} (E_j^{\min} - \bar{E}^{\min})^2} \qquad (1)$$

其中,$N = 15$,$E_j^{\min} = \min(E_{j1}, \cdots, E_{jm_j}')$,$\bar{E}^{\min} = \frac{1}{N} \sum_{j=1}^{N} E_j^{\min}$,$E_{j1}$ 为在 j 合乘状态下,第一个行程路段司机平均收益率。

决策变量 A、B、C、D 为四个不同的人,共有 15 种合乘情况(见表 5-1),决策变量为 A_1, A_2, $\cdots A_{15}$;B_2, B_3, $\cdots B_{15}$;C_4, C_5, $\cdots C_{15}$;D_8, D_9, $\cdots D_{15}$。其中,A_j 表示乘客 A 在情况 j 时所得的折扣,B_j 表示乘客 B 在情况 j 时得到的折扣。并且,A_j, B_j, C_j, $D_j \in (0, 1]$

(三) 约束条件

合乘帕累托优化模型的折扣结构需要同时满足乘客的心理行为

学约束条件和司机收益率底线约束条件。

1. 心理行为学约束条件

各项折扣之间需要满足心理行为学约束条件。

首先,根据对500多名乘客和司机的社会实际调研显示,当发生两人同时上车合乘需求时候,乘客和司机都易于接受的折扣比率是0.65~0.8。为了同时兼顾乘客和司机利益,遵守心理行为学理论,对于此种情况下规定约束条件为0.7,并且每个合乘人员的费用支出不会超过单独乘车费用,即折扣不能超过1,即:

$$\begin{cases} A_2 = B_2 = 0.7 \\ 0 < B_j \leq 1 \quad j = 3, \cdots, 15 \\ 0 < C_j \leq 1 \quad j = 4, 5, \cdots, 15 \\ 0 < D_i \leq 1 \quad j = 8, 9, \cdots, 15 \end{cases} \quad (2)$$

其次,本模型设置了两个折扣心理落差:"位次阶差"和"人数阶差"。"位次阶差"J是指第n组上车乘客和第$n+1$组上车乘客所享受车费折扣的最小差值;"人数阶差"K指,车上有s个人,他们作为m组乘客和$m+1$组乘客时,第一组乘客享受折扣的最小差值,或者当车上有m组乘客,他们有s个人构成和$s+1$个人构成时,第一组上车乘客所享受车费折扣的最小差值。本模型中,假定$J = 0.2$,$K = 0.1$。则有:

$$\begin{cases} B_j^{n+1} - A_j^n \geq J \quad n = 1 \\ C_j^{n+1} - B_j^n \geq J \quad n = 1, 2 \\ D_j^{n+1} - C_j^n \geq J \quad n = 1, 2, 3 \end{cases} \quad (3)$$

其中,A_j^n表示在第j个合乘情况下,A处于第n组。其他类似。

$$\begin{cases} A_j^{ms} - A_i^{m(s+1)} \geq K \\ A_i^{ms} - A_i^{(m+1)s} \geq K \end{cases} \quad (4)$$

其中,A_j^{ms}表示在第j个合乘情况下,车上共有m组乘客,s个人,$m = 1, 2, 3, 4$;$n = 1, 2, 3, 4$;$1 \leq s \leq 3$。

2. 司机收益率底线约束条件

为了使司机的利益得到保证,设定司机在所有情况下最低收益率中最低的不少于1.1(110%),并限定每个合乘情况下每公里的平均收益率(各行程组合收益率的平均值)都不能少于1.4(140%)。根据表5-1和表5-2,可以找到每个合乘情况有可能对应几个里程组合。例如,合乘情况2只对应行程组合1、3和10。当我们确定了合乘情况2中每组顾客的折扣,那么可以分别计算行程组合1、3和10下出租司机每公里得到的收益率。找到其中最低的一个,就是该合乘情况下司机的每公里最低可能收益率。则有:

$$\begin{cases} E_j^{\min} \geq 1.1 \\ E_j \geq 1.4 \end{cases} \tag{5}$$

同时,还要确保,对于任意合乘情况,随着乘客人数的增加,司机收益率不能减少,否则司机为了追求个人利益最大化,必然会选择拒载,因而我们要求,如果第j_2种合乘情况是在第j_1种情况基础下,增加一人或增加一组乘客,那么第j_2种情况下司机的最低可能收益率高于第j_1种情况下的最低可能收益率。

$$E_{j_1}^{\min} \leq E_{j_2}^{\min} (j_1 < j_2) \tag{6}$$

(四)数学模型

综上所述,小型交通运输工具智能合乘帕累托改进模型表述如下。

$$\min \sigma = \sqrt{\frac{1}{N} \sum_{j=1}^{N} (E_j^{\min} - \bar{E}^{\min})^2} \tag{7}$$

s.t.

$$\begin{cases} A_2 = B_2 = 0.7 \\ 0 < B_j \leq 1 \quad j = 3, 4, \cdots, 15 \\ 0 < C_j \leq 1 \quad j = 4, 5, \cdots, 15 \\ 0 < D_i \leq 1 \quad j = 8, 9, \cdots, 15 \end{cases} \tag{8}$$

$$\begin{cases} B_j^{n+1} - A_j^n \geq 0.2 & n = 1 \\ C_j^{n+1} - B_j^n \geq 0.2 & n = 1, 2 \\ D_j^{n+1} - C_j^n \geq 0.2 & n = 1, 2, 3 \end{cases} \tag{9}$$

$$\begin{cases} A_j^{ms} - A_j^{m(s+1)} \geq 0.1 & m = 1, 2, 3, 4; n = 1, 2, 3 \\ A_j^{ms} - A_j^{(m+1)s} \geq 0.1 & m = 1, 2, 3; n = 1, 2, 3, 4 \end{cases} \tag{10}$$

$$\begin{cases} E_j^{\min} \geq 1.1 \\ E_j \geq 1.4 \end{cases} \tag{11}$$

$$E_{j_1}^{\min} \leq E_{j_2}^{\min} \quad j_1 < j_2 \tag{12}$$

三、模型求解以及结果检验

(一) 模型求解

假定出租车收费标准如下：①白天每公里 2 元，起步价里程为 3 公里，起价 10 元；②单程 15 公里以上的部分加收 50%空驶费；③时速低于 12 公里/小时，每累计 5 分钟加收 1 公里费用；④等候乘客，每累计 5 分钟，加收 1 公里费用；⑤晚 23 时至次日 5 时，每公里租价加收 20%（此时起价 11 元）；⑥不同乘客合租，按合乘里程各收 60%；⑦电话租车，每次加收 3 元电话租车费；⑧出市区，由双方议定收费；⑨过路过桥费由乘客支付。要明确我们模型的解是在收费标准第①~⑤项的基础上所打折扣。第⑥项涉及的是合乘问题，新模型是对原来的优化，不必考虑了，第⑦、⑧、⑨收费标准保持不变。

即：$Q = 10, L = 3, L'' = 15, G = 2, Y = 3$。对非线性规划模型求解，最终得出的"合乘部分费用计算方法帕累托模型"，具体如表 5-3 所示。

(二) 假设模型的检验

接下来，对模型的可行性进行论证。只要合乘的折扣结构能同时满足乘车者以及司机的利益，即乘车者乘车成本降低的同时能增加司机的收益，那么合乘方案就能得到乘车者和司机的支持，就能得以顺利实施推广。

表 5-3　分时分段合乘计价帕累托优化系统模型

X \ Y		A		B		C		D	
上车可能出现的情况	1	●	100%						
	2	●	70%	●	70%				
	3	●	60%	◆	80%				
	4	●	40%	◆	60%	★	80%		
	5	●	50%	●	50%	◆	70%		
	6	●	50%	◆	70%	●	70%		
	7	●	60%	●	60%	●	60%		
	8	●	40%	●	40%	●	60%	◆	60%
	9	●	40%	●	40%	●	40%	◆	90%
	10	●	40%	●	60%	●	60%	●	60%
	11	●	50%	●	50%	●	50%	●	50%
	12	●	20%	◆	40%	★	60%	■	80%
	13	●	30%	◆	30%	●	50%	★	90%
	14	●	30%	◆	50%	●	50%	★	70%
	15	●	30%	◆	50%	★	70%	●	70%

特别提示：当前面人下车后，后面的乘客要依次向前转换角色。如果上述各情况下乘客实际总行程不超过起步价行程，则按照取大不取小原则，选择当前情况下所享受折扣乘以起步价与当前情况下乘客需付费率乘以当前计价行程两者中数值大的。

选取反证法（Proofs by Contradiction，又称归谬法、背理法）来论证模型的可行性和科学性。反证法是一种论证方式，它首先假设某命题不成立（在原命题的条件下，结论不成立），然后推理出明显矛盾的结果，从而下结论说原假设不成立，原命题得证。

假设 1：合乘会损害乘车者的利益。

由模型的折扣组合结构可知，所有折扣率都低于 1。所以对于乘车者来说，无论在任何种合乘状态，以及任何一种里程组合下，他们的乘车成本都会降低，故假设 1 不成立。

假设 2：合乘可能会损害司机的利益。

首先，计算司机在每一种合乘状态下最低的可能收益。

因为，如果乘客实际总行程不超过起步价行程，则按照取大不取小原则，选择当前情况下所享受折扣乘以起步价与当前情况下乘客需付费率乘以当前计价行程两者中数值大的，则在起步阶段乘客的支付费率最低为 QQ_{ij}/L^0，在标准行程阶段和远程行程阶段乘客支付费率分别为 GG_{ij} 和 YY_{ij}，$Q_{ij} = G_{ij} = Y_{ij}$，$G < Y < Q/L^0$（$G = 2$，$Y = 3$，$Q/L^0 = 10/3$）。

所以司机在每种合乘状态下最低的可能收益率都出现在当一组乘客处于远程阶段，而后面乘客均处于标准行程阶段，据此可计算所以合乘状态的最低可能收益，如表 5-4 所示。

表 5-4　合乘里程部分司机收益与原来相比

X \ Y		各种情况下各个乘客所付费率与原来费率的百分比							合乘里程部分司机最低可能收益与原来相比
		A		B		C		D	
上车可能出现的情况	1	●	100%						100%
	2	●	70%	●	70%				140%
	3	●	60%	◆	80%				113%
	4	●	40%	◆	60%	★	80%			133%
	5	●	50%	●	50%	◆	70%			147%
	6	●	50%	●	70%	◆	70%			143%
	7	●	60%	●	60%	●	60%			180%
	8	●	40%	●	40%	●	60%	◆	60%	160%
	9	●	40%	●	40%	●	40%	●	90%	180%
	10	●	40%	◆	60%	●	60%	●	60%	160%
	11	●	50%	●	50%	●	50%	●	50%	200%
	12	●	20%	◆	40%	★	60%	■	80%	140%
	13	●	30%	●	30%	◆	50%	★	90%	153%
	14	●	30%	●	50%	◆	50%	★	70%	143%
	15	●	30%	◆	50%	★	70%	★	70%	157%

由表5-4可以看出，任何一种合乘状态以及任何一种里程组合下，司机的收益率都高于原来的收益，合乘里程部分司机最低可能收益与原来最少增加113%-100%=13%。故与施行此合乘政策之前相比，司机的收益增加。故假设2不成立。

假设3：这种合乘折扣结构下，随着乘客人数或组数的增加，司机的收益率可能会减少，司机为了追求个人利益最大化，会选择不再增加乘客人数或组数。

首先，在人数增加、组数不增加的情况下，如情况1、2、7和11，由表5-4可知，司机收益率分别为100%、140%、180%和200%，即随着人数增加，收益率递增。其他情况类似可证。

其次，在人数增加、组数增加的情况下，举例说明，现在处于情况3，增加一组乘客，可能为情况4、15或情况3、4和15，由表5-4可知，对应的最低可能收益率分别为113%、133%和157%，收益率递增。其他情况类似可证。假设3不成立。

因此，原假设均不成立，故本优化模型具有可行性。基于帕累托效率改进原则的"J-R合乘计价模型"依据"共乘分担，不共不变"的原则，只对共同合乘路段分摊计价，而且遵循"先上者优先权原则"，在共同合乘路段中先上车者总是享受比后上车者更多优惠打折比例。同时，考虑到车主因为合乘者增多成本也相应提高客观因素，为避免车主拒载行为，模型也设置了对于车主的激励限制条件，即车主的收益会随着合乘者人数的增加而增加。

创新驱动发展国家大战略条件下，国家鼓励分享经济的发展，帕累托效率改进计价模型，在不增加合乘各方乘车费用的条件下，激励乘客合乘，而且合乘行为可以为司机带来更大的收益。这样的商业发展模式不仅可以有效地利用有限的道路与小型机动车，而且缓解了当前大中城市交通拥堵的普遍问题，对于缓解大气污染、降低PM2.5值都具有普遍正效应作用，应该成为国家鼓励、企业发展的大方向。

第六章　商业模式创新的未来

第一节　"互联网+"下消费资本论的崛起

一、消费资本论的提出

毕业于北京大学经济系的经济学家陈瑜教授提出消费资本化理论。在其著作《消费资本论——消费资本理论与应用》中，他通过对商品经济过程的分解，指出企业利润是由货币资本、知识资本和消费资本共同创造的。他认为三种形态的资本在市场经济发展的初期就已经存在，只不过在产品短缺时代下，消费资本一直处于被动状态。随着生产力的不断发展，生产规模的不断扩大，市场经济完成了由卖方市场向买方市场的过渡后，消费资本对生产和经济的重要作用得以凸显。他认为伴随买方市场形成的新市场经济时代的到来，必须着眼于从生产和消费两方面看问题：积极发挥消费资本作用，把消费向生产和经营领域延伸。

消费资本化理论突破西方古典经济学和新古典经济学的局限，指出消费资本论的应用有利于克服市场经济失灵的三个重要原因：一是不对称信息与不存在的信息，二是将消费者对于企业的贡献收益内部化，三是垄断行为对于正常市场的干扰。西方古典经济学理论从资本的高度分析生产对社会经济发展的重要作用，而忽视消费对社会经济发展的重大作用，或只是把消费作为整个社会经济运行的一个附属部分来看待。陈瑜教授认为社会经济发展的最终目的是为了消费，生产和消费是一个问题的两个方面，只从生产的角度研究市场经济发展问题是单方面、局部的、片面的。消费资本论从生产和消费双向看问题，并提出在由生产资本、知识资本和消费资本共同构成的经济运行体系下必将产生新的商业模式。新的商业模式包括"两个内容和两个过程"即商品交易的内容和过程，以及买卖双方利润分配的内容和过程。因为消费者才是市场经济真正的主人和竞争的最终决定性力量，他们既是市场的主人，又是给经济发展注入新的资本的动力源泉。因此，商家和厂家应当将其所得利润的一部分返给消费者。可以说，消费资本化理论的提出，引领了一种全新经济发展思维方向和全新商业模式。

毋庸置疑，投资与生产创造出的产品是一个未实现的价值，只有通过消费才能得到实现。消费资本化理论的核心内容是将消费向生产领域和经营领域延伸，更加重视消费对于经济增长的决定性作用，认为消费者对企业产品的采购是对企业的一种消费和投资双向行为，企业应该按一定的时间间隔把企业利润的一定比例返给消费者。陈瑜教授的这种新理论，解析了当前市场经济下积分返利营销策略被广泛应用的深刻理论基础，同时也解析了现今直销公司的很多经销商实则为"消费商"的根本原因所在。

二、"互联网+"助推消费资本论发展与应用

互联网思维对于商业来说是一次划时代的革命，经济运行核心已经从计划经济下的政府和市场经济下的厂商转向互联网经济下的顾客❶。"互联网+"将人类生存所依赖的各类环境与资源放到"云端"，未来我们的工作、生活、消费都将是基于云计算，企业的各种信息、个人的信用资产和形象资产，都将以"云"态呈现。这消除了信息不对称的壁垒，消费者的价值反馈与点评将使得消费

---

❶ 李海舰，田跃新，李文杰. 互联网思维与传统企业再造 [J]. 中国工业经济，2014（10）：135-146.

者对于价值创造的影响在"互联网+"时代更趋明显。对此,许多学者给出类似见解,如 Priem 认为价值源于给顾客带来的体验❶,Gourville 认为价值是在顾客思考下创造出来的❷。在希佩尔(von Hipple)提出的"民主创新论"中指出,有些创新是由消费者主导,而不是由生产驱动的。我国学者李海舰、田跃新等人指出"不仅厂商与顾客在生产大规模定制化产品的过程中是相互影响的,而且厂商与消费者交互就是价值创造和价值提取的场所"❸。

笔者认为"互联网+"下消费者对于价值创造和价值实现的影响主要表现为以下两方面。

(一)体验价值对于使用价值与价值实现的影响

"互联网+"在提高人类经济发展层次的同时,更加注重对于人类自身真实需求与人综合能力的开发和利用。英国诺丁汉大学经济学教授彼得·斯旺在其著作《创新经济学》中,根据消费者对于创新反作用的强弱程度,将消费者分为积极消费者和消极消费者两大类,并细分为"经济型消费者、加尔布雷思型消费者、道格拉斯型消费者、凡勃伦型消费者、马歇尔型消费者和日常型消费者"六大类。随着社会经济发展水平的提高,人们的消费观念也在改变。在消费者主权论、消费资本论和"互联网+"思维的推动下,更多的消费者正趋于从普通、被动、以生存为基础的消极式消费观向"凡勃伦型""马歇尔型"积极的、追求生活质量甚至谋求与企业协调发展的消费理念转变。"互联网+"经济发展模式,使

---

❶ PRIEM R L. A Consumer Perspective on Value Creation [J]. Academy of Management Review, 2007, 32 (1): 219-235.

❷ KAPLAN A M, Haenlen M. Toward a Parsimonious Definition of Traditional and Electronic Mass Customization [J]. Journal of Product Innovation Management, 2006, 23 (2): 168-182.

❸ CALLON M, MUMIESA F. Economic Markets as Calculative Collective Devices [J]. Organization Studies, 2005, 26 (8): 1229-1250.

得消费者对于产品的体验满意度成为消费者是否购买此产品的重要参考依据。"互联网+"模式下，商家不仅要专注于提升产品的使用价值，更加要关注顾客消费产品后的体验价值，价值的创造和实现不再是厂商或者消费者某一方的单方面行为，而是厂商与消费者共同的发展需求、设计、创造和实现过程。

(二) 改变了产品、服务销售或者营销的渠道

"互联网+"时代信息流动的方式由原来的定向流动变成不定向的流动，即信息传播的方式更加多元化、碎片化。移动互联技术的发展，尤其是与虚拟现实、人工智能技术的融合，使得大家获得和传播信息的方式更多样化，成本更低，社群媒体、平台效应、自媒体力量引发了传统媒体力量弱化趋势，每个人拥有了信息传播和信息受众双重身份。互联网条件下，商业模式发展历程必然由最初的 B2B、C2B 向 C2F（顾客对厂商）趋势发展，使得供需更趋平衡化。同时，物流业的快速发展，也加速了零库存、订单式生产模式的发展，产品不经过分销渠道直接到达顾客的 O2O 营销方式现已成为很重要的营销模式，这也必将推动 C2F 商业模式的发展。

以上两方面消费者对于价值创造和实现产生的影响，使得直接联结厂商与消费者的各种平台经济应运而生，发展速度惊人。其在支付方式的创新更是加速了信息的循环和资源的有效利用与分配。平台效应、分享效应下流量经济、分享经济成为经济发展的重要推动力，而这个推动力的源泉正是消费者。

例如，深圳前海云集品电子商务有限公司（www.tps138china.com），是一家有创新商业模式的双向跨境电子商务公司，该公司于 2014 年 7 月成立，在公司成立仅仅一年时间里就已经将产品销往全球 28 个国家，同时将众多国外产品进口至我国，以满足我国众多消费者需求。其旗下子公司香港汤普森电商公司（TPS）采用会员实名注册制，并积极吸收陈瑜教授"消费资本论"观点，将公司全球利润按照一定比例，分享给平台上的积极消费者，以实现

其在未来的 3~5 年内建立起一个庞大的全球供货商经销商网络，形成一家以倍增速度跳跃发展的国际互联网新型跨境电商集团公司，并利用资本运作的杠杆效应，将公司打造成为一个国际级知名电商巨头，跻身全球电商企业前列。

在消费者主权论、消费资本论日益深入人心的"互联网+"新时代背景下，深圳云集品电子商务有限公司为产品供应商与直接消耗者建立起直接沟通的平台，没有经过中间商和销售代理等中间环节，从而使商家销售成本更低，消费者得以分享到厂商部分商业利润。同时，消费者担当起产品价格和质量评价员的责任，在一定程度上防止了假冒伪劣、以次充好商品在平台的流通。TPS 努力践行世界新经济研究院院长陈瑜提出的"消费资本化理论""新的资本理论体系""新的市场经济理论""新的经济运行体系""新的经济发展方式""新的商业模式""新的企业制度"以及"新的收入分配制度"理论。从众多 TPS 消费者会员的调研结果显示，平台基本成效已经显现，绝大部分 TPS 消费者对这种新消费模式持肯定态度，但是仍有部分消费者持观望态度。

第二节 商业模式创新的未来

一、未来商业模式的核心

分享经济有时也被称为"共享经济"或者"协同经济"。其主要特征是在不以"占有"为目的前提下，满足人类各种社会生存需求，并主要通过互联网集聚的优势增强经济发展的韧性与活力。分享经济的出现是在全球经济不景气、后金融危机时代的大背景下产生的，但它的发展为全球人类的健康可持续发展提供了新的思路与方向；为消除资本主义社会经济危机提供了可供借鉴的新经济发展模式；分享经济的健康发展在一定程度上降低和放缓了国与国之间资源掠夺战争发生的概率和周期,甚至将战争消灭在萌芽状态。

在所谓的后工业化时代,或者建立在信息经济基础上的时代,未来创新的商业模式将是在目前分享经济模式基础之上,进一步发挥消费返利商业模式思维,以互联网技术、大数据分析技术和人工智能技术为基础,以更加便捷的移动互联信息平台为技术支撑,以分享、融合人类的创新创造为目标,以微营直销、回馈产品或者利润为主要营销手段,构建起更加以人为本的、多品种、小批量订制生产、利润渐趋社会均衡化的商业模式。我们暂且将它定义为"众产直销"商业模式。

二、"众产直销"商业模式的技术基础

移动社交化、微营直销分享渠道化将是未来商业模式创新的两个鲜明特征。云是网络、互联网的一种比喻说法。对云计算的定义有多种说法。对于到底什么是云计算,还未形成统一看法。现阶段广为接受的是美国国家标准与技术研究院(NIST)的定义:云计算是一种按使用量付费的模式,这种模式提供可用的、便捷的、按需的网络访问,进入可配置的计算资源共享池(资源包括网络、服务器、存储、应用软件、服务),这些资源能够被快速提供,只需投入很少的管理工作,或与服务供应商进行很少的交互。[1]

未来我们的工作、生活、消费都将是基于云计算的架构与环境,"云"将无处不在,并与虚拟现实、人工智能技术紧密结合,我们生存在云社会里,一切社会生产力、生产关系及人际关系都将由云重新塑造。云计算、大数据、物联网、传感器、一云多屏、社会化媒体、电商、O2O、LBS、二维码……都只是云社会的建筑材料,云计算将无所不能。企业的品牌资质、个人的形象和信誉都将在"云"中呈现。

---

[1] 云计算的虚拟化技术[EB/OL].(2013-06-19). http://www.cstor.cn/textdetail_4313.html.

云计算、虚拟现实与人工智能将成为未来商业模式存在的基本技术单元。

第三节　以消费体验中心为补充的商业模式

随着电商、移动互联技术的发展，拼团购物、微商等新商业模式日渐成熟，人们的消费习惯和消费心态也发生了很大的转变，这使得很大一部分消费者成为网上购物达人。靠巨量铺设国际名牌专卖店或者入驻知名购物中心的商业地产发展模式和理念面临危机，知名购物中心频频关闭，萧条不景气现象日趋严重。

面对传统电商、网络拼团购物、微商等新商业模式的咄咄逼人发展态势，"地段和大牌决定一切"的时代即将结束，如何在现有的地产资源下，创新地整合利用相关资源，探索出新发展路径与模式是当下商业地产商热切关注话题。

随着社会的进步与发展，消费不再仅仅是单纯的物质上的需求，追求社交化的经验交流，合力推动商业进一步向更高质量和效率改进，成为消费者不约而同的心声。物流业的快速发展推动了网上购物的兴起与繁盛。但是，当前网上购物仍然存在一些问题，比如，商品图片与实际收到的商品不符，产品质量差，应用效果不佳，退换货流程时间长、手续烦琐等。

网上购物的弊端同时也为实体店的发展留下空间，实体店可以为客户提供更为深刻和客观形象的消费体验，这一点也许可以成为商业地产大亨破解商业困境的出发点。未来的消费者会更愿意为体验、环境、情感和服务埋单。越来越多的商业项目注意到这一趋势，纷纷开打"体验牌"，调整业态，增加休闲、餐饮、娱乐，甚至体育场馆、博物馆、儿童游乐设施、水族馆、体验式运动城等业态的比重，透过轻松愉悦的购物环境，以实现对客流的重新集聚。

这一模式将重新盘活经济效益渐趋低下的商业购物地产业资

源,为即将塌陷的商业地产界减震降压,减轻大量入驻商业购物中心厂商运营成本;为多方提供可供参考更新迭代的新商业模式,为新技术、新产品、新服务提供更为人性化、客观化、知识化、体验式市场开拓机会。

互联网新经济体验中心的建设将推动厂商更加注重消费者作为产品消费终端对产业的促进作用,更加注重提升产品或者服务的质量和品质,进一步提高普通人民大众的消费幸福指数。

第四节 推动众产直销商业模式作为科技成果转化力量的政策建议

一、政府介入科技成果转化、商业模式创新的必要性

在当今社会,科技成果已经被广泛深入地运用到社会生活的各个领域,科技创新已成为经济增长的内生动力和关键要素。政府要对经济发展过程进行调控,理所当然地包括对科技活动的积极干预和对科技成果转化的宏观调控。事实上,随着现代科技对经济发展的影响作用越来越显著,无论发展中国家还是发达国家,政府对各自国家科技成果的研发和顺利转化所进行的宏观调控和引导管理都在增强。

为应对国际化和全球化的挑战,加快促进科技成果转化,促进商业模式创新与科技成果转化活动融合发展,国家须加大创新力度,敢于大胆创新,加强科技成果转化与商业模式创新融合发展的政策创新。

二、当前商业模式创新面临的问题

在商业模式创新作用被炒得如火如荼的大背景下,部分企业过度强调商业模式创新而忽视技术创新对其的基础支撑作用,导致商

业模式创新缺乏持续下去的技术支撑，或者因为过度依赖技术进口而失去本真商业模式创新所带来的巨大红利。

同时，作为我国科技成果产出重要源头的高校和科研院所，由于体制机制原因，存在产出的科技成果离市场化较远、科研工作者促进科技成果转化热情不够、与企业对接渠道不通畅等问题，因此其科技成果市场化率不高，不能起到支撑商业模式创新应有作用。

尤为重要的是，创新就意味着打破原有利益格局，以形成新的、尽可能更广范围内的垄断利润。原有利益集团的恶意阻挠和施压、政府方面是否能及时有效地出台相应的扶持和保护政策法规，成为商业模式创新成败的关键。

三、推动"众产直销"商业模式发展的政策建议

政府在促进科技成果向现实生产力转化的行为，要定位在如何提高科技成果转化过程中供给与需求双方结合的效率上；激发微观单位的动力，并保持各相互主体之间的有效衔接；注意科技成果转化与商业模式创新融合发展的特点；促进科技成果转化及商业模式创新涉及的技术创新、人才组织、科技金融、政策支持等要素进行优化组合；以整体系统目标优化为总目标推动其发展。因此，政策的制定需要从科技成果转化系统论出发，形成体系，避免"头痛医头，脚痛医脚"。

（一）加强以消费资本论为核心的新兴经济学、社会学理论研究

陈瑜教授的消费资本论一经提出，就引起国际学术界、产业界的高度关注，有学者称这个理论有可能成为影响 21 世纪乃至 22 世纪的重大创新理论。消费资本论把消费看成一种资本，并且主张企业应该把消费者的消费行为看作对企业的投资行为，消费者应当享受一定程度上的利润分配权。这对于一直处于"被动"消费的消费者来说增加了消费动力，唤醒了自身作为消费者的消费者主权主

张。但是，作为一创新商业模式理论，在消费者权益主张形式、权益保障基础以及与企业利润分享方式方面的研究并不多，加强这方面的理论探索与创新将有力地推动科技创新，推动国家经济社会结构的优化升级。

(二) 强化以科技创新为支撑的商业模式创新协同发展机制

当前，科技创新的支撑引领作用已经得到了政商研各界的普遍认同和重视，但是如何高效化解科技成果转化难题，加速科技成果转化为现实生产力仍是各界一直共同努力的方向。在注重技术、产品创新的同时注重对商业流程、组织制度、资源配置等软实力方面的创新；在注重内部自组织能力的同时，注重对外部资源的整合利用将有利于以科技创新为基础和驱动力的商业模式创新。

(三) 建立"众产直销商业模式"专项试点工程

商业模式创新是一个动态的不断更新迭代过程，鉴于新兴理论的不完善性以及实践过程中诸多要素的不确定，建立试点工程可以在可控的范围内降低创新验证成本。建议在全面创新改革试验区域内，设立"众产直销商业模式"专项试点工程，定期评选优秀商业模式创新企业，并总结经验，通过各种媒体加强宣传和推广，营造商业模式创新大环境，推动企业商业模式创新与技术创新融合发展。

(四) 加强以互联网为基础的个体信用体系建设

"众产直销商业模式"下，互联网基础设施建设是基础，要进一步加快相关基础设施的建设，大幅提高网络速度，逐步降低网络使用费用，并不断提升服务水平。同时，社会成员的社会信用对于其有效运行至关重要。推进以实名制为基础的个体社会诚信信息查询平台建设、探索建立个人诚信监督惩戒制度、逐步建立起人人讲诚信、守承诺的良好社会氛围。

(五) 在注重知识产权保护的同时加大侵权惩罚力度

目前，我国企业的知识产权创造、运用与管理意识薄弱，绝大多数企业没有设立专门的知识产权管理部门，即使设置了相关部门，知识产权管理人员也多由其他部门人员兼管，兼管人员专业性不强、对知识产权工作重视程度不够、企业知识产权管理与企业经营发展各个环节脱节现象严重。不尊重、不重视其他企业知识产权创造、运用与管理情况，新研发产品侵犯他人知识产权、自身合法权益不知道用相关知识产权法规及时予以保护等现象也普遍存在，无形之中增加了企业的创新成本。同时，现行法律法规对权利人保护力度不足，知识产权侵权赔偿标准过低，这不仅影响了科技成果转化和创新积极性，反而助长了知识产权侵权事件的频发。借鉴美、英、德等国知识产权侵权惩罚性相关政策措施，建议我国在注重对知识产权拥有人保护力度的同时加大对侵权人的惩罚力度。

参 考 文 献

[1] FAGERBERG J, MOWERY D C, Nelson R R. The Oxford Handbook of Innovation [M]. New York: Oxford University Press, 2006.
[2] MCCABE S. Benchmarking in Construction [M]. Oxford: Blackwell Science, 2001.
[3] KOUZMIN A. LÖFFLER E, KLAGES H, et cl. Benchmarking and Performance Measurement in Public Sectors [J]. The International Journal of Public Sector Management, 1999, 12 (2): 121-144.
[4] HOOD C. A public management for all seasons? [J]. Public Administration, 1991, 69 (1): 3-19.
[5] BOMBERG E. Policy Learning in an Enlarged European Union: Environmental NGOs and New Policy Instruments [J]. Journal of European Public Policy, 2007, 14 (2): 248-268.
[6] HOSPERS G-J, DESROCHERS P, SAUTET F. The Next Silicon Valley?: On the relationship between geographical clustering and public policy [J]. International Entrepreneurship and Management Journal, 2009, 5 (3): 285-299.
[7] ARROWSMITH J, SISSON K, MARGINSON P. What Can "Benchmarking" Offer the Open Method of Co-ordination [J]. Journal of European Public Policy, 2004, 11 (2): 311-328.
[8] RONDO-BROVETTO P, SALITERER I. Comparing Regions, Cities, and Communities: Local Government Benchmarking as an Instrument for Improving Performance and Competiveness [J]. The Innovation Journal: The Public Sector Innovation Journal, 2007, 12 (3).
[9] HASSINK R. Regional Competitive Intelligence: Benchmarking and Policy-making [J]. Regional Studies, 2010, 44 (5): 639-658.
[10] GROENENDIJK N. EU and OECD Benchmarking and Peer Review Compared [EB/OL]. https://core.ac.uk/download/pdf/11475449.pdf.
[11] GROENENDIJK N. The Use of Benchmarking in EU Economic and Social Policies [M] // PORTO M. After fifty years: The coming challenges. (PT)

Coimbra: Almedina, 2008: 5-30.

[12] HOSPERS G-J. Innovation by Imitation?: Territorial Benchmarking in EU Regional Innovation Policy [R]. Centre for European Studies, University of Twente, 2004.

[13] OECD. Benchmarking Innovation Policy and Innovation Framework Conditions [R]. 2004.

[14] Blueprint for Regional Innovation Benchmarking [EB/OL]. http://www.urenio.org/komninos/wp-content/uploads/2014/02/2006-MLP-Blueprint-Regional-Innovation-Benchmarking.pdf.

[15] Global Benchmarking Network. Global Survey on Business Improvement and Benchmarking [EB/OL]. http://www.globalbenchmarking.org/fileadmin/user_upload/GBN/PDF/2010_gbn_survey_business_improvement_and_benchmarking_web.pdf.

[16] PORTER M E, STERN S, Council on Competitiveness. The New Challenge to America's Prosperity: Findings from the Innovation Index [EB/OL]. http://www.nhrd.net/board/download.do?boardId=BBS_0000007&fileSid=6983&dataSid=15446.

[17] KUTVONEN A. Ranking Regional Innovation Policies: DEA-based Benchmarking in an European Setting [D]. Lappeenranta: Lappeenranta University of Technology, 2007.

[18] ITURRIAGAGOITIA J M Z. Benchmarking Regional Innovation Systems: The Relevance of Efficiency to Their Performance [D]. Valencia: Universidad Politécnica De Valencia, 2008.

[19] MAGRETTA J. Why Business Models Matter [J]. Harvard Business Review, 2002 (80): 3-8.

[20] AMITR, ZOTT C. Value Creation in E-business [J]. Strategic Management Journal, 2001 (22): 493-520.

[21] MAHADEVAN B. Business Models for Internet based Ecommerce: An Anatomy [J]. California Management Review, 2000, 42 (4): 55-56.

[22] MORRIS M, SCHINDEHUTTE M, ALLEN J. The Entrepreneur's Business Model: Toward a Unified Perspective [J]. Journal of Business Research,

2005, 58 (6): 726-735.
- [23] OSTERWALDER A, PIGNEUR Y, TUCCI C L. Clarifying Business Models: Origins, Present, and Future of the Concept [J]. Communications of the Association for Information Systems, 2005 (16): 1-25.
- [24] TEECE D J. Business Models, Business Strategy and Innovation [J]. Long Range Planning, 2010, 43 (2/3): 172-194.
- [25] AFUAH A, TUCCI C L. Internet Business Models and Strategies: Text and Cases [M]. New York: Irwin Mc Graw-HillHigher Education, 2000: 90-115.
- [26] RAPPA M. Business Models on the Web [EB/OL]. http://www.digitalenterprise.org/models/models.pdf.
- [27] LINDER J, CANTRELL S. Changing Business Models: Surveying the Landscape [J]. Accenture Institute for Strategic Change, 2000 (5): 1-15.
- [28] BAMBURY P. A Taxonomy of Internet Commerce [J]. First Monday, 1998, 3 (10): 1-11.
- [29] TIMMERS P. Business Models for Electronic Markets [J]. Journal on Electronic Markets, 1998 (2): 3-8.
- [30] DUBOSSON-TORBAY M, OSTERWALDER A, PIGNEUR Y. E-business Model Design, Classification, and Measurements [J]. Thunderbird International Business Review, 2002, 44 (1): 5-23.
- [31] MALONE T W, WEILL P, LAI R K, et al. Do Some Business Model Perform Better than Others? [R]. Working Paper, 2006 (5).
- [32] SMITH R, THOMPSON M, SPEAKER M. The Complete IDIOT's Guide to E-Commerce [J]. Harvard Business Review, 2000, 78 (3): 97-103.
- [33] CASADESUS-MASANELL R, RICART J E. From Strategy to Business Models and onto Tactics [J]. Long Range Planning, 2010, 43 (2/3): 195-215.
- [34] JOHNSON M W, CHRISTENSEN C M, KAGERMANN H. Reinventing Your Business Model [J]. Harvard Business Review, 2008, 86 (12): 50-59.
- [35] ELLUL J. The Technological Society [M]. New York: Vintage Books, 1964: 183.

[36] 北京科学学研究中心. 关于科技成果转化若干重要问题的研究阶段汇报 [R]. 2011.

[37] 朱高峰. 关于科技成果转化问题 [J]. 科学学与科学技术管理, 1996 (10).

[38] 周程, 张杰军. 跨越创新过程中的"死亡之谷": 科技成果产业化问题刍议 [J]. 科学学与科学技术管理, 2010 (3).

[39] 于伟, 刘临, 谢辉. 从创新环节谈促进科技成果转化 [J]. 中国高校科技与产业化, 2011 (Z1).

[40] 游传新, 李刚. 科技成果转化难的原因及其对策探讨 [J]. 武汉科技大学学报（社会科学版）, 2005 (1).

[41] 杨忠泰. "科技成果转化"质疑 [J]. 科学技术与辩证法, 2003 (6).

[42] 闫傲霜. 科技成果转化"北京模式"的探索、实践与特点 [J]. 科技潮, 2010 (9).

[43] 闫傲霜. 打通科技成果转化"最后一公里" [J]. 前线, 2011 (12).

[44] 闫傲霜. 技术市场: 科技成果转化的重要渠道 [J]. 中国科技奖励, 2011 (9).

[45] 文兴吾. "促进科技成果转化"的观念辨析与范式转变 [J]. 中国科技论坛, 2004 (2).

[46] 万钢. 加快推进科技成果向现实生产力转化 [J]. 求是, 2011 (13).

[47] 万青云, 刘庭功, 卢军. 科技成果转化的概念及特征探析 [J]. 科技进步与对策, 1999 (6).

[48] 教育部社会科学研究与思想政治工作司. 自然辩证法概论 [M]. 北京: 高等教育出版社, 2004: 311.

[49] 罗珉, 曾涛, 周思伟. 企业商业模式创新: 基于租金理论的解释 [J]. 中国工业经济, 2005 (7): 73-81.

[50] 魏武挥. 社群经济与粉丝经济 [J]. 创业邦, 2014 (8): 24.

[51] 迈克尔·哈耶特. 平台: 自媒体时代用影响力赢取惊人财富 [M]. 赵杰, 译. 北京: 中央编译出版社, 2013.

[52] 苟成富. 商业模式创新研究 [J]. 山东行政学院学报, 2011, 110 (1): 93-95.

[53] 李雪蓉, 张晓旭, 李政阳. 商业模式的文献计量分析 [J]. 系统工程理

论与实践，2016，36（2）：273-287.
- [54] 原磊. 商业模式分类问题研究［J］. 科技与经济，2008（5）：35-44.
- [55] 杨灵灵，顾骅珊，蔡正倩. 商业模式创新促进科技成果产业化的机理分析：基于"价值链理论"视角［J］. 中国科技产业，2015（10）：68-71.
- [56] 孙爱娟. 技术与商业模式协同的产业创新研究［D］. 哈尔滨：哈尔滨商业大学，2015.
- [57] 张婷婷，原磊. 基于"3-4-8"构成体系的商业模式分类研究［J］. 中央财经大学学报，2008（2）：79-85.
- [58] 曾楚宏，朱仁宏，李孔岳. 基于价值链理论的商业模式分类及其演化规律［J］. 财经科学，2008（6）：102-110.
- [59] 李东，王翔，张晓玲，等. 基于规则的商业模式研究：功能、结构与构建方法［J］. 中国工业经济，2010（9）：101-111.
- [60] 胡保亮. 商业模式创新、技术创新与企业绩效关系：基于创业板上市企业的实证研究［J］. 科技进步与对策，2012，29（3）：95-100.
- [61] 李志强，赵卫军. 企业技术创新与商业模式创新的协同研究［J］. 中国软科学，2012（10）：117-124.
- [62] 王雪冬，董大海. 商业模式的学科属性和定位问题探讨与未来研究展望［J］. 外国经济与管理，2012，34（3）：2-9.
- [63] 邢小强，仝允桓，陈晓鹏. 金字塔底层市场的商业模式：一个多案例研究［J］. 管理世界，2011（10）：108-124，188.
- [64] 魏江，刘洋，应瑛. 商业模式内涵与研究框架建构［J］. 科研管理，2012，33（5）：107-114.
- [65] 胡艳曦，曾楚宏. 论商业模式创新中的组织合法性［J］. 学术研究，2008（9）：55-58，159.
- [66] 荆浩，贾建锋. 中小企业动态商业模式创新：基于创业板立思辰的案例研究［J］. 科学学与科学技术管理，2011，32（1）：67-72.
- [67] 沈永言. 商业模式理论与创新研究［D］. 北京：北京邮电大学经济管理学院，2011.
- [68] 范晓峰. 科技政策发展与科技法制建设［M］. 北京：知识产权出版社，2006：396.

[69] 中投顾问. 2009—2012年中国直销业投资分析及前景预测报告（上下卷）[R]. 2008.

[70] 刘金章. 直销学概论[M]. 南京：东南大学出版社，2006.

[71] 凌云. 如何做直销[M]. 北京：机械工业出版社，2006.

[72] 中国直销行业发展研究中心. 系列报道（二）：中国直销行业发展与管理国际论坛[Z]. 2007-01-17.

[73] 李野新. 新直销营销一本通[M]. 北京：中国经济出版社，2008.

[74] 刘大春. 科学技术哲学导论[M]. 2版. 北京：中国人民大学出版社，2005.

[75] 教育部社会科学研究与思想政治工作司. 自然辩证法概论[M]. 北京：高等教育出版社，2004.

[76] 唐五湘，黄伟. 科技成果转化的理论与实践[M]. 北京：方志出版社，2006.

[77] 教育城. 高校科技成果转化模式和关键因素分析[R].

[78] 彭英. 我国科技成果转化的现状和问题[EB/OL]. (2006-08-17). http://www.chinavalue.net/Management/Article/2006-8-17/41073.html.

[79] 刘希宋，王辉坡. 我国科技成果市场化营销模式研究[J]. 商业研究，2007（11）：25-27.

[80] 刘东升. 关于当前深化技术市场发展的思考[J]. 科技成果纵横，2010（2）：34-35.

[81] 中华人民共和国科学技术部. 中国科学技术发展报告[M]. 北京：科学技术文献出版社，2005~2014.

[82] 汪莹. 展会平台促进科技成果市场化[N]. 经济日报，2007-12-14.

[83] 库尔特·多普菲. 演化经济学：纲领与范围[M]. 贾根良，刘辉锋，崔学锋，译. 北京：高等教育出版社，2005.

[84] 范忠. 论三维市场营销[J]. 中国市场，2006（45）：53.

[85] 欧阳文章. 中国直销经济学[M]. 北京：北京大学出版社，2007.

[86] 傅家骥. 技术创新学[M]. 北京：清华大学出版社，1998：10.

[87] 王楚鸿. 高校科技成果转化中的"重名轻利"现象分析[J]. 科技管理研究，2009（8）：201-203.

[88] 修小平. 六大金融措施促进科技成果转化[J]. 中国科技财富，2009

(13): 16-21.

[89] OECD. 以知识为基础的经济 [M]. 杨宏进, 薛澜, 译. 北京: 机械工业出版社, 1997: 2.

[90] 成思危. 成思危谈知识资本和知识经济 [J]. 今日中国论坛, 2009 (10): 56-58.

[91] 胡汉辉, 沈群红. 西方知识资本理论及其运用 [J]. 经济学动态, 1998 (7): 40-45.

[92] 国家工商总局直销监管局吴雁处长在"中国直销行业与企业社会责任"论坛的发言 (2009-10-29). 引自国家工商总局官方网站.

[93] 刘彦蕊. 科技成果转化也需营销模式创新 [J]. 创新科技, 2011 (8): 18-19.

[94] 刘彦蕊, 张士运. 中国直销行业的可持续发展: 基于国家科技成果转化政策的研究 [C]. 第十六届海峡两岸直销学术研讨会, 2011: 101.

[95] 刘彦蕊, 马淑肖. 基于标杆管理的大陆直销企业科技成果转化力评价 [J]. 直销管理评论, 2014 (12): 103.

[96] 张士运, 刘彦蕊. 德国史太白技术转移网络的发展经验与政策启示 [J]. 中国科技论坛, 2013 (3): 145-149.

[97] 管孟忠, 刘彦蕊, 黄琳, 等. 建立基于营销学的科技成果转化绩效评估系统之研究 [J]. 专案管理与系统工程学报, 2013 (1): 1.

[98] 刘彦蕊, 丁明磊, 管孟忠. 科研事业单位技术类无形资产入股问题探析 [J]. 科学学研究, 2015, 33 (6): 876-880.

[99] 丁明磊, 刘彦蕊. 南京和武汉探索促进科技成果转化的实践及政策启示 [J]. 科学管理研究, 2014 (2): 55-58.

[100] 刘彦蕊. 革除科技人员激励的"梗阻" [N]. 中国社会科学报, 2015-08-25 (005).

[101] 刘彦蕊. 用于分时分段合乘的装置和运输装置以及计价方法: 2013100558795 [P]. 2015-09-06.

附录 1 全国主要城市间等腰三角形个数统计情况

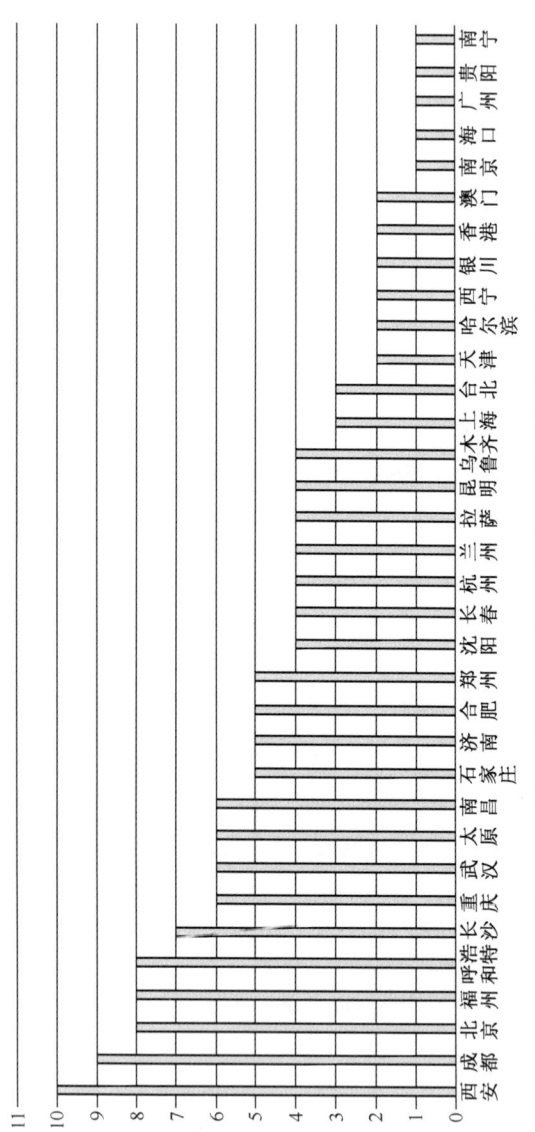

附图 全国主要城市间等腰三角形个数统计情况（单位：个）

附录2 全国主要城市间直线距离

附表 全国主要城市间直线距离 单位：公里

	北京	天津	上海	重庆	石家庄	郑州	武汉	长沙	南京	南昌	沈阳
北京	0	109	1047	1433	259	612	1032	1312	880	1225	619
天津	109	0	940	1418	259	570	965	1250	782	1145	596
上海	1047	940	0	1425	971	817	679	879	266	603	1166
重庆	1433	1418	1425	0	1174	866	746	633	1186	900	2004
石家庄	259	259	971	1174	0	367	812	1081	756	1028	855
郑州	612	570	817	866	367	0	457	715	556	694	1140
武汉	1032	965	679	746	812	457	0	290	451	257	1463
长沙	1312	1250	879	633	1081	715	290	0	697	288	1753
南京	880	782	266	1186	756	556	451	697	0	463	1137
南昌	1225	1145	603	900	1028	694	257	288	463	0	1583
沈阳	619	596	1166	2004	855	1140	1463	1753	1137	1583	0
长春	846	842	1414	2259	1096	1400	1732	2021	1401	1850	269
哈尔滨	1043	1053	1651	2470	1299	1619	1965	2255	1640	2087	505
西安	895	897	1200	560	641	425	637	759	934	889	1493
太原	396	422	1080	1057	170	352	808	1052	844	1046	1011
济南	357	268	718	1231	263	365	706	994	527	877	783

续表

	北京	天津	上海	重庆	石家庄	郑州	武汉	长沙	南京	南昌	沈阳
成都	1491	1496	1639	265	1239	987	968	891	1388	1147	2091
西宁	1306	1360	1879	885	1118	1071	1316	1379	1614	1559	1918
合肥	884	795	402	1038	720	459	305	567	148	367	1216
海口	2264	2203	1669	1129	2026	1659	1240	953	1158	1116	2691
广州	1861	1791	1204	974	1639	1276	829	565	1123	666	2249
贵阳	1701	1673	1516	320	1442	1105	860	643	1309	930	2242
杭州	1102	1000	163	1299	989	776	556	729	233	447	1291
福州	1534	1438	604	1302	1381	1091	694	670	658	443	1759
兰州	1162	1206	1689	752	957	884	1127	1201	1423	1372	1779
昆明	2057	2042	1945	624	1798	1486	1285	1071	1735	1357	2626
乌鲁木齐	2387	2480	3221	2270	2310	2408	2724	2801	2964	2973	2886
呼和浩特	403	496	1355	1315	385	684	1140	1381	1140	1377	1041
银川	877	939	1578	974	713	766	1126	1276	1321	1382	1485
南宁	2017	1970	1589	767	1768	1405	1040	754	1443	991	2500
拉萨	2520	2560	2867	1473	2305	2153	2200	2104	2612	2374	3138
台北	1694	1593	681	1557	1568	1306	937	925	817	693	1842
香港	1969	1895	1229	1108	1749	1390	924	664	1176	729	2336
澳门	1987	1916	1275	1075	1762	1401	939	667	1211	757	2368

资料来源：国家基础地理信息中心2017年统计数据。

附录2 全国主要城市间直线距离

续表

	长春	哈尔滨	西安	太原	济南	成都	西宁	合肥	海口	广州	贵阳
北京	846	1043	895	396	357	1491	1306	884	2264	1861	1701
天津	842	1053	897	422	268	1496	1360	795	2203	1791	1673
上海	1414	1651	1200	1080	718	1639	1879	402	1669	1204	1516
重庆	2259	2470	560	1057	1231	265	885	1038	1129	974	320
石家庄	1096	1299	641	170	263	1239	1118	720	2026	1639	1442
郑州	1400	1619	425	352	365	987	1071	459	1659	1276	1105
武汉	1732	1965	637	808	706	968	1316	305	1240	829	860
长沙	2021	2255	759	1052	994	891	1379	567	953	565	643
南京	1401	1640	934	844	527	1388	1614	148	1158	1123	1309
南昌	1850	2087	889	1046	877	1147	1559	367	1116	666	930
沈阳	269	505	1493	1011	783	2091	1918	1216	2691	2249	2242
长春	0	239	1737	1243	1047	2335	2116	1484	2959	2516	2504
哈尔滨	239	0	1938	1436	1273	2534	2271	1721	3195	2754	2724
西安	1737	1938	0	505	763	598	688	806	1581	1293	862
太原	1243	1436	505	0	407	1098	948	780	1978	1617	1342
济南	1047	1273	763	407	0	1346	1334	528	1946	1527	1460
成都	2335	2534	598	1098	1346	0	682	1241	1340	1230	505
西宁	2116	2271	688	948	1334	682	0	1491	2010	1839	1180
合肥	1484	1721	806	780	528	1241	1491	0	1478	1033	1165
海口	2959	3195	1581	1978	1946	1340	2010	1478	0	466	835
广州	2516	2754	1293	1617	1527	1230	1839	1033	466	0	775
贵阳	2504	2724	862	1342	1460	505	1180	1165	835	775	0
杭州	1545	1784	1126	1076	754	1523	1813	323	1507	1042	1370
福州	2013	2251	1330	1432	1178	1561	2002	661	1145	693	1260
兰州	1990	2156	497	787	1160	589	191	1300	1880	1680	1062
昆明	2882	3095	1173	1677	1849	632	1271	1590	971	1095	429
乌鲁木齐	2986	3044	2087	2165	2569	2025	1422	2860	3352	3242	2524
呼和浩特	1151	1304	757	333	639	1302	968	1047	2296	1946	1618
银川	1680	1836	518	549	954	875	437	1222	2073	1808	1294
南宁	2815	2998	1259	1697	1728	964	1639	1319	379	507	460
拉萨	3346	3504	1728	2138	2481	1233	1234	2467	2216	2308	1543
台北	2082	2316	1574	1636	1344	1816	2251	856	1293	873	1503
香港	2607	2842	1426	1737	1616	1365	1992	1106	443	132	893
澳门	2640	2875	1416	1744	1638	1329	1966	1135	382	108	847

续表

	杭州	福州	兰州	昆明	乌鲁木齐	呼和浩特	银川	南宁	拉萨	台北	香港	澳门
北京	1102	1534	1162	2057	2387	403	877	2017	2520	1694	1969	1987
天津	1000	1438	1206	2042	2480	496	939	1970	2560	1593	1895	1916
上海	163	604	1689	1945	3221	1355	1578	1589	2867	681	1229	1275
重庆	1299	1302	752	624	2270	1315	974	767	1473	1557	1108	1075
石家庄	989	1381	957	1798	2310	385	713	1768	2305	1568	1749	1762
郑州	776	1091	884	1486	2408	684	766	1405	2153	1306	1390	1401
武汉	556	694	1127	1285	2724	1140	1126	1040	2200	937	924	939
长沙	729	670	1201	1071	2801	1381	1276	754	2104	925	664	667
南京	233	658	1423	1735	2964	1140	1321	1443	2612	817	1176	1211
南昌	447	443	1372	1357	2973	1377	1382	991	2374	693	729	757
沈阳	1291	1759	1779	2626	2886	1041	1485	2500	3138	1842	2336	2368
长春	1545	2013	1990	2882	2986	1151	1680	2815	3346	2082	2607	2640
哈尔滨	1784	2251	2156	3095	3044	1304	1836	2998	3504	2316	2842	2875
西安	1126	1330	497	1173	2087	757	518	1259	1728	1574	1426	1416
太原	1076	1432	787	1677	2165	333	549	1697	2138	1636	1737	1744
济南	754	1178	1160	1849	2569	639	954	1728	2481	1344	1616	1638
成都	1523	1561	589	632	2025	1302	875	964	1233	1816	1365	1329
西宁	1813	2002	191	1271	1422	968	437	1639	1234	2251	1992	1966
合肥	323	661	1300	1590	2860	1047	1222	1319	2467	856	1106	1135
海口	1507	1145	1880	971	3352	2296	2073	379	2216	1293	443	382
广州	1042	693	1680	1095	3242	1946	1808	507	2308	873	132	108
贵阳	1370	1260	1062	429	2524	1618	1294	460	1543	1503	893	847
杭州	0	469	1622	1799	3182	1373	1542	1428	2755	593	1064	1109
福州	469	0	1816	1664	3416	1754	1816	1167	2768	255	669	725
兰州	1622	1816	0	1212	1603	855	337	1517	1359	2063	1826	1804

续表

	杭州	福州	兰州	昆明	乌鲁木齐	呼和浩特	银川	南宁	拉萨	台北	香港	澳门
昆明	1799	1664	1212	0	2461	1915	1507	627	1247	1898	1189	1132
乌鲁木齐	3182	3416	1603	2461	0	1985	1643	2973	1575	3661	3412	3381
呼和浩特	1373	1754	855	1915	1985	0	532	2000	2201	1948	2070	2076
银川	1542	1816	337	1507	1643	532	0	1730	1669	2049	1935	1923
南宁	1428	1167	1517	627	2973	2000	1730	0	1871	1370	601	540
拉萨	2755	2768	1359	1247	1575	2201	1669	1871	0	3020	2435	2382
台北	593	255	2063	1898	3661	1948	2049	1370	3020	0	808	871
香港	1064	669	1826	1189	3412	2070	1935	601	2435	808	0	70
澳门	1109	725	1804	1132	3381	2076	1923	540	2382	871	70	0

后　　记

完成本书撰写工作之时，恰值金秋时节！本着对近几年研究成果作一个总结性提炼和升华，从基本观点的回溯与再梳理，到写作框架的确定，再到基本定稿，可以说花费的时间并不是很多。但是，在基本定稿之后，自己总觉得不够满意。作为人生中第一本专著，我想无论是对已经工作多年的单位、在生活和工作中不断给予支持和帮助的亲朋好友，还是踏入科研工作五年之多的自己，我都应该认真、严肃地加以对待。所以，迟迟地不愿拿出这份"答卷"示与大家。

在持续关注直销商业模式发展变化趋势，并结合自己近几年科技成果转化专业研究工作的基础上，通过理论研究与实际案例分析相结合的方法，在未来商业模式发展方向和趋势方面，我认为：技术创新作为商业模式创新的基础和驱动力，推动商业模式不断优化，继而推动先进技术在社会生产领域的广泛应用和人类文明不断向前发展。未来创新的商业模式思维将是在"消费者主权理论"基础上，结合世界新经济研究院陈瑜教授的"消费资本论"以及传统直销商业模式社交化营销思维，以当前先进技术基础条件为支撑，将上述理论与实践进一步深化综合应用，将商业模式创新推到一个新的发展历程。这种商业模式将更加依赖移动互联、大数据分析和人工智能技术，以更加便捷的移动支付技术为核心，以分享、融合人类的创新创意为路径方法，以社交化的微营直销、回馈产品或者利润为主要营销手段，构建起更加以人为本的、多品种、小批量订制生产、利润渐趋社会均衡化的商业模式（众产直销商业模式）。这种商业模式的核心思想是更加重视"基本粒子"的力量，

后　　记

即更加重视消费者大众在产业价值链中的价值，融合吸纳传统直销奖金激励制度优势的消费返利产品营销策略。在这种商业模式发展的推动之下，一个产业结构更趋合理、社会财富渐趋均衡、人才综合能力得以提升、GDP 增速更趋稳定和综合效益更高的社会主义新态势将深刻地影响到全球政治、经济、文化发展的趋势和格局。

"大道至简"的说法也许有所偏颇，但是在当今信息数据急剧增加，人脑信息存储和处理能力亟须快速更新迭代的客观条件下，将隐藏在纷繁复杂关系背后的根本关系与道理，用尽可能简短的语言表达出来，成为这个时代追求卓越、赶超时代发展者的内在要求。而这本书显然很难达到这样的水准。如果在我能力范围之内，让本书的读者在阅读最少的文字之后有所启发，抑或丁点收获，是我很长一段时间思考的一个问题。道家名言"授人以鱼，不如授之以渔"的理念提示我们方法的重要性。掌握一套内嵌于心的"方法"才是一个人、一个组织团体把握时代脉搏、得以持续发展的根本。如何在持续不断创新的同时，找到一把随时随地可用的"万能钥匙"是我一直以来的梦想。

众所周知，我国一共有 34 个省级行政区（其中：23 个省、5 个自治区、4 个直辖市、2 个特别行政区），在这里我想与大家分享一个我在闲暇时间里在中国地图（国家测绘地理信息局下载的 1∶3000万比例尺）上发现的一个有趣现象：如果我们以"三"为基数，把各个省会城市或者直辖市、特别行政区市用直线连接起来，并且以两边相减小于 10 公里视为两边相等为标准，则会出现众多的等腰三角形以及为数不多的几个正三角形。

存在主义的第一原理"存在先于本质"，我觉得从科技哲学的视角理解，更加突出强调了作为社会"人"本质存在的意义，即不断地发现自然科学规律，并将之运用于造福人类文明发展。纵观人类发展历史及知名创新型国家特点，我们可以作出一个大概的判断：世界资源从来就不曾贫乏，只是有待我们去探索、发现，并将之合理、充分地加以开发和利用。如果说有一天地球不能维系人类生存的需要，那将是对人类"智慧"的最大讽刺（排除地球生命体本身寿命所限，况且我们现在对地球的好多认识和解释也都是处于假设和猜测）。基于这样的信念，并在咨询相关专业人士后，得知我国各个省会的确定是随着历史的发展，根据当地人口、经济、交通、文化、地理等多个方面的需求和实际状况而慢慢演化而成的，并不是国家测绘地理信息局特意而为之。

那么，我们不妨尝试着解读一下久经历史考验而在中国地图上呈现的这些等腰三角形和正三角形"先天存在"到底试图向我们展示怎样的"本质"。通过归纳整理发现，以各个省会城市为中心而形成的等腰三角形出现的个数呈现连续性（详细统计情况见本书附录）。其中石家庄、济南、天津三地和香港、长沙、福州三地分别组成正三角形。因为数量少，我们可称为"金三角"。它的存在是否可以对一个企业、地区甚至国家的商业模式创新有所启示呢？再进一步探索，如果我们用更精准、先进的测量工具和方法去绘制，呈现给我们的结果又会是怎样的呢？如果我们再把这些三角形的面积或者周长与各个地区的GDP、创新指数、文化传承甚至政治变迁等数据关联在一起研究，结果又会是怎样的呢？

海尔倒三角的企业经营模式为企业界所推崇是有其深刻的理论依据的。即它强调了客户价值、基层员工对于企业发展的重要性，而将最高领导者作为企业运转起来的重要支点。这样的倒三角形三维立体模型运行机理与中国传统文化中一项历史悠久的玩具（陀螺）很相似：在我们把握住陀螺运转机制的前提下，只要我们给它一个恰当的"外力"，它就可以持续自动运转很长一段时间。但是，我们也发现，随着历史的进步，陀螺的种类和形状可以千变万化，作为一位非该领域的"Green hand"是很难分析清楚它具体的运行机理的，更没有能力去评价具体哪种形状的陀螺的运转效果最好。时代在发展，貌似一切都会发生变化。但是，有没有什么是一

后　记

成不变的呢？世界上真的没有绝对的真理？也没有绝对的正确与错误？这使我想到了达尔文的"适者生存，不适者被淘汰"，但是，真的是这样吗？随着历史的进步与发展以及反思和验证，是否应该被"是者生存，不是者被淘汰"来替代，这样才更富正能量和符合宇宙可持续发展定律？宇宙浩瀚，学无止境，探索无限，总有一扇门在那里静静地等待我们去打开，以发现其中的奥秘和宝藏。

"众产直销商业模式"与海尔倒三角商业模型理论不约而同，它充分尊重基层员工和消费者产品消费终端的作用，在生产之前和过程中运用移动通信、大数据处理以及移动支付技术，采集、注重并听取消费者对于产品的个性化真实需求和数量。这打破了以往跟风式的"先生产后开拓市场"的盲目研发、盲目生产所造成的产品过剩、产品生产出来卖不出去的潜在经济风险。这也符合我国现阶段去库存、优化产业结构、加快产业升级换代的经济改革大方向。理论上判断，如果众产直销商业模式能得以充分发展，区域化的经济危机将不复存在，"经济危机"也终将成为一历史性名词被永久地封存在各国字典之中。

本书能得以顺利出版，得到了北京科学学研究中心出版经费的专项资助，北京市辐射中心多位领导、同事以及众多兄弟院校专家和朋友以多种形式给予了热情帮助，在此一并表示衷心的感谢。他们是北京科学学研究中心张士运、伊彤，北京市辐射中心张丰收、刘建武和尚宏忠，中国矿业大学（北京）文法学院李春霞教授，北京科学学研究中心同事孙文静、曹爱红、杨博文、涂平、陈海燕，中国科学技术发展战略研究院张赤东和丁明磊研究员，北京工业大学任海英教授，北京大学王婉晶、陆文涛、任玮、王建，河北大学马淑肖，世界新经济研究院院长陈瑜教授，北京讯友通信公司杨成董事长，以及李星仪、崔华、王洪亮、陈睿勋、熊侃等多位领导、老师、专家和朋友。

特别地感谢台湾开南大学陈德发院长对于直销商业模式方面的

理论指导，以及专案管理与系统工程学院管孟忠教授对于本书第二章所做的重要贡献。

另外，需要特别感谢的是我的双方父母、爱人以及我的儿子。在本书的写作过程中作为他们的孩子、妻子和母亲的我亏欠了他们太多，是他们的理解和宽容让我有更多的时间梳理和思考有关本书的撰写。

由于学识范围和研究能力所限，本书只是对商业模式创新未来发展趋势所作的一个初步探索，所述观点如能达到您"大餐"之后"小点心"的作用，我心将得以安定！如果能得到大家真诚点评，我将无比欢欣雀跃！

刘彦蕊
2016 年 10 月 10 日于北京